전면개정 제37회 공인중개사 시험대비 동영상강의 www.pmg.co.kr

신교찬 필수서

1차 | 부동산학개론

브랜드만족 **1위** 박문각

2026

합격결정!

박문각 공인중개사

박문각

CONTENTS

이 책의 차례

PART 01 총론

제1장 부동산학의 이해	···· 8
제2장 복합개념의 부동산	···· 10
제3장 한국표준산업분류	···· 12
제4장 토지의 분류	···· 13
제5장 주택의 분류	···· 16
제6장 토지의 특성	···· 17

PART 02 부동산 경제론

제1장 부동산 수요	···· 24
제2장 부동산 공급	···· 27
제3장 시장의 균형	···· 29
제4장 탄력성	···· 31
제5장 경기변동	···· 36
제6장 거미집모형	···· 38

제1장 완전경쟁시장과 부동산시장 · · · · 40	
제2장 효율적 시장 · · · · 42	PART 03
제3장 주택 여과과정 및 주거분리현상 · · · · 44	
제4장 지대이론 · · · · 46	부동산 시장론
제5장 도시공간구조론 · · · · 50	
제6장 입지론 · · · · 52	

제1장 정부의 시장개입 · · · · 58	
제2장 토지정책 · · · · 60	PART 04
제3장 주택정책 · · · · 64	
제4장 조세정책 · · · · 69	부동산 정책론
제5장 정부의 시장개입 유형 · · · · 71	

CONTENTS

이 책의 차례

PART 05 부동산 투자론

제1장 부동산 투자의 위험과 장점	74
제2장 지렛대효과(= 레버리지효과)	75
제3장 부동산 투자 수익률과 위험처리	78
제4장 포트폴리오 이론	80
제5장 화폐의 시간가치	83
제6장 영업현금흐름	85
제7장 비할인법	88
제8장 할인현금흐름분석법(DCF)	93

PART 06 부동산 금융론

제1장 최대대출가능금액	98
제2장 고정금리 및 변동금리	99
제3장 저당상환방식	101
제4장 저당유동화, 저당담보증권(MBS)	103
제5장 한국주택금융공사의 주택연금제도	106
제6장 부동산투자회사(REITs)	108
제7장 프로젝트 파이낸싱(PF)	110
제8장 지분금융 vs 부채금융	112
제9장 부동산금융 마무리	113

제1장 부동산개발의 위험 · · · · 116
제2장 부동산개발의 과정 · · · · 117
제3장 부동산개발의 유형 · · · · 119
제4장 부동산관리 · · · · 122
제5장 부동산마케팅 · · · · 126

개발, 관리, 마케팅

제1장 가치 vs 가격 · · · · 130
제2장 감정평가에 관한 규칙 · · · · 131
제3장 지역분석 vs 개별분석 · · · · 133
제4장 평가 3방식(이론) · · · · 137
제5장 평가 3방식(계산) · · · · 141
제6장 물건별 주된 감정평가 방법 · · · · 146
제7장 가격공시제도 · · · · 147

감정평가론

필수서 사용설명서

✎ 기출문제의 중요성

(1) 우리의 목표는 1년 안에 합격!!

부동산학개론은 범위가 정말 넓은 과목입니다. 하지만 우리가 공부할 수 있는 시간은 한정되어 있죠. 객관식 시험은 문제를 설계할 때, 정답 지문에 중요한 개념들을 배치합니다. 여기서 중요한 개념이란 뭘까요? 시험에서 중요한 개념이란 자주 출제된 개념을 의미합니다. 한정된 공부 시간으로 충분한 점수를 내려면 자주 출제되는 개념 위주로 공부해야겠죠? 그럼 자주 출제되는 개념을 구분하려면? 기출문제를 봐야겠죠!

(2) 기출문제는 계속 반복되어 출제된다.

1) 부동산학개론은 40문제 중 약 80%가 기출문제에서 출제됩니다.
2) 기출문제를 정복하는 것이 곧 합격입니다.

✎ 필수서를 활용하는 방법

본 교재는 기출된 횟수에 따라 표시가 구분되어 있습니다.

- ▶ 1~2회 : 굵은 검은 글씨
- ▶ 3~4회 : 색 글씨
- ▶ 5~7회 : 색 글씨 + 밑줄
- ▶ 8회 이상 : 형광펜 강조

★ 개별적으로 밑줄이나 형광펜 긋지 마세요~ (나중에 뭐가 중요한 지 안 보입니다)

PART

01

총론

제1장 부동산학의 이해
제2장 복합개념의 부동산
제3장 한국표준산업분류
제4장 토지의 분류
제5장 주택의 분류
제6장 토지의 특성

PART 01 총론

제1장 부동산학의 이해

01 부동산학의 정의

(1) 정의 : 부동산학이란 부동산활동의 능률화의 원리 및 그 응용기술을 모두 개척하는 종합응용과학이다.

(2) 부동산활동의 일반원칙

   1) **능률화**의 원칙 : 소유활동의 지도원리 = **최유효이용**의 원칙
                              거래활동의 지도원리 = 거래질서의 확립

   2) **안전성의 원칙** : 법률적 · 경제적 · 기술적 측면의 안전성을 의미한다.

   3) 능률성의 원칙과 안전성의 원칙은 상호견제 관계이다.

02 부동산학의 연구대상

(1) 부동산학의 연구대상은 부동산활동 및 부동산현상을 포함한다.

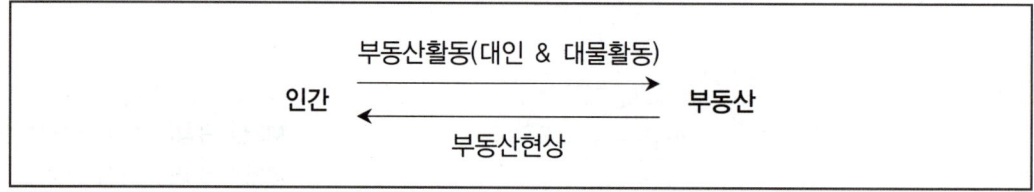

03 부동산학의 학문적 성격

(1) 부동산학은 사회과학, 응용과학, 종합과학, 경험과학, 규범과학이지만,

(2) **자연과학, 이론과학, 순수과학, 추상과학은 부동산학이 아니다.**

(3) 부동산학은 다양한 학문과 연계되어 있다는 점에서 **종합학문적 성격**을 지닌다.

04 부동산학의 접근방법

(1) **종합식** 접근방법: **기술적·경제적·법률적** 측면 등의 **복합개념**으로 이해하여, 이를 종합해서 이론을 구축하는 방법이다.

(2) **의사결정식** 접근방법: 부동산활동을 하는 인간은 합리적인 존재이며, **자기이윤의 극대화**를 목표로 행동한다는 기본가정에서 출발한다.

05 부동산활동의 속성

(1) 과학성·기술성: 부동산활동은 과학성과 실무 응용 기술의 양면성을 갖는다.

(2) 윤리성: 부동산활동은 사회성, 공공성이 강조되므로 높은 직업윤리가 중요하다.

(3) 대인 및 대물활동성: 대인활동 및 대물활동의 성격을 모두 갖는다.

(4) 배려의 장기성: 부동산에는 영속성과 용도의 다양성이 있으므로, 장기적 배려가 필요하다.

제2장 　복합개념의 부동산

```
                    ┌ 법률적 ┬ 협의의 부동산: 토지 및 그 정착물
        ┌ 무형적 측면 ┤        └ 광의의 부동산: 협의의 부동산 + 준부동산
        │           └ 경제적  : 자산, 자본, 생산요소, 소비재, 상품
        └ 유형적 측면 ─ 기술적  : 공간, 자연, 환경, 위치
```

(1) **복합개념의 부동산**이란 부동산을 **법률**적, **경제**적, **기술**적 측면 등이 복합된 개념으로 이해하는 것을 말한다.

vs **복합부동산** : **토지와 건물**이 각각 독립된 거래의 객체이면서도 하나의 결합된 상태로 취급되어 부동산활동의 대상으로 삼고 있는 부동산을 말한다.

01 법률적 개념

(1) 협의의 부동산

1) 협의의 부동산 = 토지 및 그 정착물 = 민법상 부동산

① 토지 및 그 정착물은 부동산이다. (민법 제99조 제1항)

(2) 토지

1) 토지소유자는 법률의 범위 내에서 토지를 사용, 수익, 처분할 권리가 있다.

2) **토지소유권은 정당한 이익이 있는 범위 내에서 토지의 상하에 미친다.**

3) 토지의 소유권 공시방법은 등기이다.

(3) 정착물

1) 정착물은 사회·경제적인 면에서 토지에 부착되어 계속적으로 이용된다고 인정되는 물건이다. (토지정착물)

2) 제거했을 때 건물의 기능 및 효용의 손실이 있는 부착된 물건(건물정착물)

3) **독립**정착물 : 토지와 서로 다른 물건으로 간주되는 것(**독립된 거래의 객체가 된다. 토지와 별개의 물건으로 취급**)

　　예 건물, 명인방법을 갖춘 수목(미분리과실), **등기된 입목, 농작물**

4) **종속정착물 : 토지의 일부로 간주되는 것**(부동산 중개의 대상이 되지 않는다)

　　예 일반 나무, **구거**(도랑), 담장, 다년생식물

　　vs 동산 : 예 **가식중인 수목**, 경작수확물, 임차자 정착물(에어컨, 커튼)

(4) 광의의 부동산

1) 협의의 부동산에 준부동산(의제부동산)을 합한 개념을 말한다.

2) **준부동산 : 등기·등록**의 공시방법을 갖춤으로써 부동산에 준하여 취급되는 특정의 **동산** 등을 말한다.

　　예 자동차, 항공기, 선박(20톤 이상), 건설기계, 공장재단, 광업재단 등

02 경제적 개념

(1) **경제적 개념**의 부동산으로 **자산, 자본, 생산요소, 소비재, 상품** 등이 있다.

1) 경제적 측면의 부동산은 부동산가치에 영향을 미치는 수익성, 수급조절, 시장 정보 등을 포함한다.

03 기술적 개념

1) 기술적 개념 = 유형적 측면 = 물리적 개념

2) **공간, 자연, 환경, 위치** ● 공자환위

3) 공간으로서의 토지

① 공간으로서의 토지는 평면적 개념이 아닌 **지하와 공중을 포함하는 3차원적인 공간**을 의미한다.

즉, **공중권, 지표권, 지하권** 등이 포함된 **입체공간**을 의미한다.

② 미채굴의 광물은 토지소유권이 미치지 않는다.

③ 지표에 흐르는 물은 토지소유권이 미친다.

④ 공중공간의 활용 방안 : 용적률 인센티브제도 등

| 제3장 | 한국표준산업분류 |

부동산업	부동산 임대 및 공급업	개발 및 공급	주거용
			비주거용
			기타
		임대업	주거용
			비주거용
			기타
	부동산 관련 서비스업	관리업	주거용
			비주거용
		부동산 중개, 자문 및 감정평가업	중개 및 대리
			감정평가
			투자 자문
			분양대행업

01 한국표준산업분류

(1) 대표유형: 부동산 관련 서비스업이 아닌 것을 골라라

● 암기코드 개임 서비스업, 서비스업은 관중감자대

① 개발 및 공급업, 임대업은 서비스업이 아님
② 기타 부동산 관리업, 부동산 투자 금융업, 부동산 건설업은 서비스업 아님

제4장 토지의 분류

01 후보지와 이행지

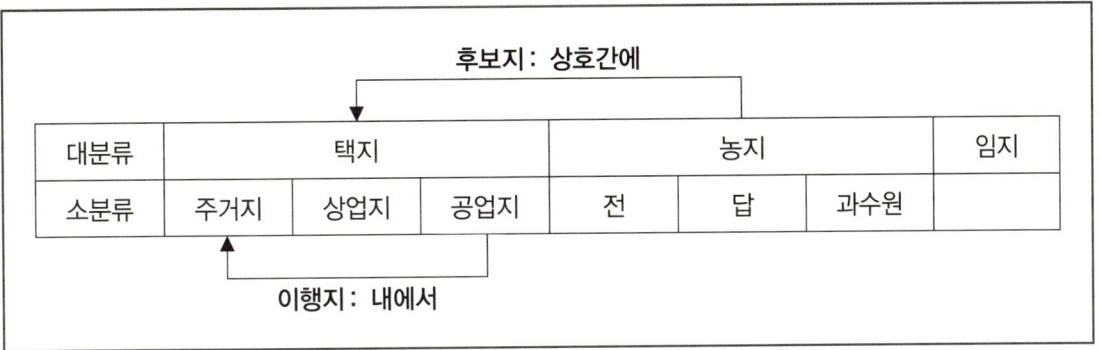

(1) **후보지**: 임지지역, 농지지역, 택지지역 **상호간에** 용도 전환되는 토지를 말한다.

(2) **이행지**: 임지지역, 농지지역, 택지지역 **내에서** 용도변경이 진행 중인 토지를 말한다.

02 필지와 획지

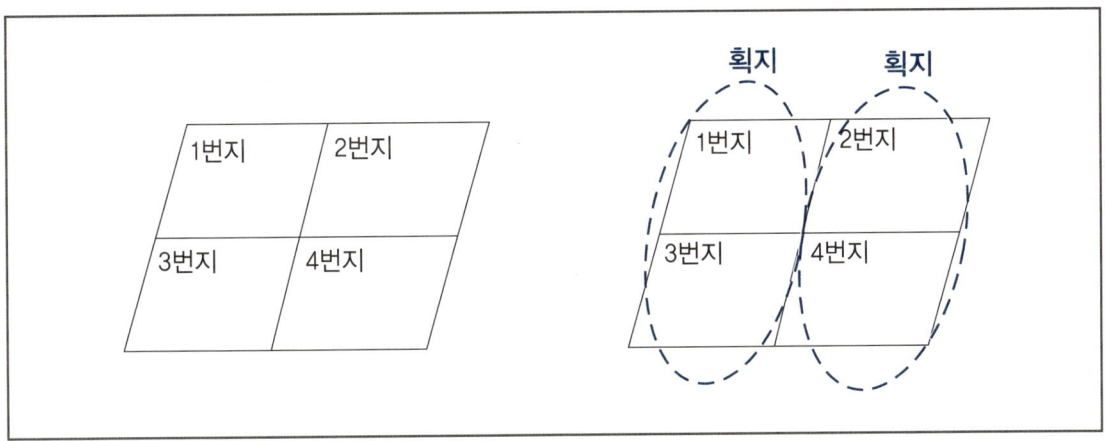

(1) **필지**: 하나의 **지번**이 붙는 토지의 **등록단위**(법률적 개념)

(2) **획지**: **가격수준**이 비슷한 일단의 토지(경제적 개념)
 vs 용도상 불가분의 관계에 있는 2필지 이상의 일단의 토지를 일단지(一團地)라 한다.

03 나지, 건부지, 공지

(1) **나지**: 지상에 **건축물이 없고** 지상권 등 사용·수익을 제한하는 **사법상의 권리가 설정되어 있지 않은** 토지

(2) 건부지: 지상에 건축물이 있는 토지
   1) 지상에 있는 건물에 의하여 사용, 수익이 제한되는 경우가 있다.
   2) 건물 등이 부지의 최유효이용에 적합하지 못하는 경우, 나지에 비해 최유효이용의 기대가능성이 낮다.
      → 나지에 비해 평가가치가 떨어지는 **건부감가**가 발생할 수 있다.

(3) **공지**: **건부지 중** 건물을 제외하고 **남은 부분**의 토지로, 건축법령에 의한 건폐율 등의 제한으로 인해 필지 내에 **비어있는** 토지

04 법지와 빈지

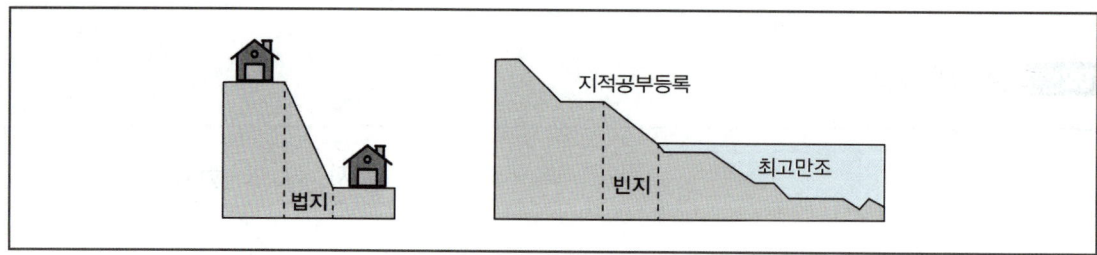

(1) **법지**: 법적 소유권은 인정되나, 활용실익이 적은 토지. **경사토지**

(2) **빈지**: 법적 소유권은 인정되지 않으나 활용실익이 있는 토지
   바다와 육지 사이의 해변토지, 바닷가

05 맹지, 포락지, 선하지

(1) **맹지**: 타인의 토지에 둘러싸여 **도로에 접속면이 없는 토지**
   건축법에 의해 건물을 세울 수 없음

(2) **포락지**: 물에 **침식**되어 **수면 밑으로 잠긴** 토지, **바다나 하천으로 변한** 토지

(3) **선하지**: **고압선 아래의 토지**, 이용 및 거래의 제한을 받으므로 선하지 감가 발생

06 휴한지, 유휴지, 공한지

(1) **휴한지**: 농지 등 정상적으로 **쉬게 하는** 토지(쉴 휴)

(2) **유휴지**: 바람직스럽지 못하게 놀리는 토지(놀 유)

(3) **공한지**: 주로 도시 토지로서 지가상승을 기대하고 장기간 방치하는 토지

07 소지, 부지, 택지

(1) **소지**: 택지 등으로 개발되기 이전의 **자연 상태** 그대로의 토지

(2) **부지**: 하천부지, 철도부지, 도로부지 등과 같이 일정한 목적에 제공되고 있는 토지이며 넓은 범위의 포괄적인 용어(바닥토지)

(3) **택지**: **주거용**, **상업용**, **공업용**으로 이용되거나 이용이 가능한 토지

08 지목에 따른 분류(공시법)

(1) **지목**: 지적제도의 용어로서, 토지의 주된 용도에 따라 토지의 종류를 구분하여 지적공부에 등록한 것을 말한다.

  1) **유지**: **물이 고이거나** 상시적으로 물을 저장하고 있는 댐·저수지·소류지·호수·연못 등의 토지와 연·왕골 등이 **자생**하는 **배수가 잘 되지 아니하는** 토지

  2) **구거**: 용수 또는 배수를 위하여 일정한 형태를 갖춘 **인공적인 수로**·둑 및 그 부속시설물의 부지와 자연의 유수가 있거나 있을 것으로 예상되는 소규모 수로부지

제5장 주택의 분류

01 주택의 분류

(1) 주택이란 건축물의 전부 또는 일부 및 그 부속토지를 말한다.

(2) 공동주택: 아파트, 연립주택, **다세대주택**, (기숙사)
　　단독주택: 단독주택, 다가구주택, **다중주택**, (공관)

연	4개층	바닥면적 660 초과↑
세	4개층	660 이하↓
가	3개층	19세대 이하
중	3개층	독립된 주거 형태 × 각 실별로 취사시설 ×

(3) **다중주택**: 학생 또는 직장인 등 다수인이 장기간 거주할 수 있는 구조 **독립된 주거의 형태를 갖추지 않은 것**(각 실별로 욕실은 설치할 수 있으나, **취사시설은 설치하지 않은 것**을 말한다)

(4) 아파트: 면적 관계없이 5개층 이상

(5) 기숙사: 학생 또는 종업원 등을 위하여 쓰는 것으로서 1개동의 공동취사시설 이용세대수가 전체의 50% 이상인 것

(6) **도시형생활주택**: **300세대 미만의 국민주택규모**에 해당하는 주택으로 단지형 연립주택, 단지형 다세대주택, 아파트형주택 등이 있다.

(7) 세대구분형 공동주택: 공동주택의 주택 내부 공간의 일부를 세대별로 구분하여 생활이 가능한 구조로 하되, 그 구분된 공간의 일부를 구분소유 할 수 없는 주택을 말한다.

(8) 장수명 주택: 구조적으로 오랫동안 유지·관리될 수 있는 내구성을 갖추고, 입주자의 필요에 따라 내부 구조를 쉽게 변경할 수 있는 가변성과 수리 용이성 등이 우수한 주택을 말한다.

(9) 준주택: 준주택은 주택 외의 건축물과 그 부속토지로서 주거시설로 이용 가능한 시설을 말한다.
　◆ 다노오기
　1) 다중생활시설, 노인복지주택, 오피스텔, 기숙사

제6장 토지의 특성

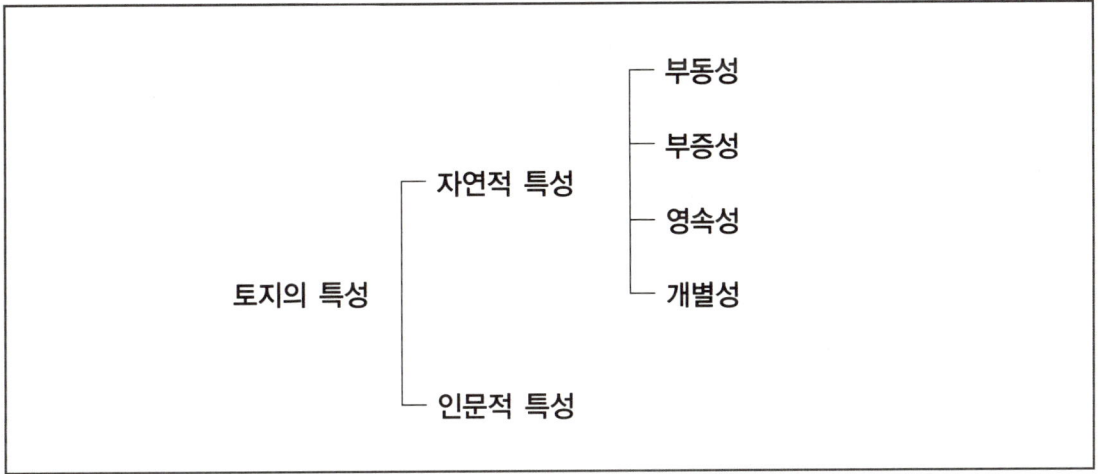

(1) 자연적 특성 : 부동성, 부증성, 영속성, 개별성, 인접성 등

  1) 자연적 특성과 관련된 표현으로는 **물리적**, 절대적, 지리적 등이 있다.

  2) **물리적, 절대적, 지리적은 '안 된다'** 고 대답하면 쉽다.

(2) 인문적 특성 : 용도의 다양성, 병합분할 가능성, 위치의 가변성 등

  1) 인문적 특성과 관련된 표현으로는 **용도적**, 경제적, 상대적, 인문적 등이 있다.

  2) **용도적, 경제적, 상대적, 인문적은 '된다'** 고 대답하면 쉽다.

자연적 특성과 그 파생현상

부동성	부증성	영속성	개별성
지역시장	물리적 공급 불변	감가상각 적용 배제	물리적 비대체성
지역분석	수요자경쟁	임대차 시장의 발달	일물일가 적용 배제
국지화	지대, 지가의 발생	소득이득과 자본이득	개별분석
임장활동	집약적이용	장기적 배려	정보의 비대칭성, 비공개성
외부효과	최유효이용	관리의 필요성	높은 정보비용 발생

01 부동성(물리적 위치의 고정성)

(1) **지역시장, 지역분석, 국지화** ❶ 지역 – 부동성

　1) 부동산은 위치가 고정되어 있으므로, 특정 지역의 수요가 급증했다고 하더라도, 다른 재화처럼 그곳으로 이동할 수 없다. 따라서 각 부동산시장은 **국지화**되고, **지역시장**이 형성된다.

　2) 각 지역시장의 특징이 모두 다르므로 **지역분석**이 필요하다.

　3) 부동산은 지역적으로 세분화되어 부분시장(하위시장)으로 존재한다.

(2) **임장활동**

　1) 부동산활동은 부동산의 위치가 고정되어 있으므로 사람이 직접 부동산이 있는 **장소**로 가서 **임**하는 **임장활동**이다.

(3) **외부효과**

　1) 부동산은 움직일 수 없으므로 주변 환경의 영향을 많이 받는다.

　2) 주변(**외부**)에서 주는 의도치 않은 **효과**로 부동산 가치가 영향을 받는 현상을 **외부효과**라 한다.

(4) 동산과 부동산을 구별 짓는 근거가 된다.

　1) 움직이는 재산은 동산, 움직이지 않는 재산은 부동산

02 부증성(비생산성)

(1) **물리적 공급 불변** ❶ 공급 – 부증성

　1) 생산비나 노동을 투입하여 **물리적 공급량을 늘릴 수 없다**는 특성이다.

　2) 물리적 공급이 불가능하므로 **수요·공급에 의한 균형가격 형성이 곤란**하다.
　　　(토지의 **물리적** 공급은 **완전비탄력적**이다)

　3) 물리적 공급은 불가능하지만, **용도적 공급은 가능**하다(매립, 간척 등).

　4) **물리적 공급 불변 = 부증성**

──────────── **섞이면 안 된다!!** ────────────

　　용도적 공급 가능 = 용도의 다양성

　5) 부증성의 예외는 절대 없다.

(2) **독점소유욕, 수요자경쟁, 지대 또는 지가의 발생**

1) 토지의 양은 한정되어 있으므로 **독점소유욕**을 유발한다.

2) 독점소유욕으로 **수요자 경쟁**이 발생한다.

3) 수요자들의 경쟁이 치열해지면서 지가 상승이 발생한다. **(지대 또는 지가 발생)**

(3) <u>집약적이용</u>, **최유효이용**

1) 토지의 양을 늘릴 수 없으므로 현재 존재하는 토지를 최대한 <u>집약적</u>으로 이용해야 한다.

2) 부증성은 토지의 **최유효이용**(<u>집약적이용</u>)의 근거가 된다.

   최유효이용 = 최고로 유용하고 효율적으로 이용

(4) 생산비 법칙이 적용되지 않는다.

1) 토지는 생산이 안 되므로 생산비를 모른다. 생산비 법칙이 적용되지 않는다.

2) 따라서 토지를 감정평가할 때, 원가방식에 의한 평가가 곤란하다.

03 영속성(비소모성)

(1) <u>감가상각 적용 배제</u>, **가치보존력 우수**

1) 같은 부동산이라도 건물은 소모되기 때문에 감가상각의 대상이 되지만, 토지는 소모되지 않기 때문에 <u>감가상각이 적용되지 않는다.</u>

2) 토지는 **가치보존력이 우수하다.**

3) 가격이 하락해도 소모되지 않기 때문에 차후에 가격상승을 기대하여 매각을 미룰 수 있다.

(2) **임대차시장 발달, 소득이득과 자본이득**

1) 얼마든지 타인에게 빌려주더라도 소모에 의한 가치감소가 없으므로 **임대차시장이 발달**했다.

2) 따라서 토지를 소유하면서 임대 **운영을 통한** 월세 수입(**소득이득**)을 얻을 수 있고, 장기 보유 후 **처분을 통한** 양도차익(**자본이득**)을 모두 얻을 수 있다.

(3) **장기적 배려, 관리의 필요성** ✚ 장기 - 영속성

1) 토지는 우리 세대만 사용하는 것이 아니기 때문에 **장기적 배려**가 필요하다.

2) 영원히 사용할 수 있기 때문에 **관리의 필요성**이 강조된다.

(4) **재생산이론 적용 불가능**, 직접환원법 적용 가능

1) 토지는 소모되지 않기 때문에 **소모를 전제로 한 재생산이론**이나 사고방식을 **적용할 수 없다.**

2) 미래의 수익을 가정하고 가치를 평가하는 직접환원법의 적용을 가능하게 한다. (수익방식 적용 가능)

04 개별성(비대체성)

(1) 물리적 비대체성

1) 토지는 동일한 물건이 없다. = 토지는 모두 다르다. = 개별성

2) <u>개별성으로 인해 상품 간 완전한 대체관계가 제약된다. (물리적 비대체성)</u>

3) 개별성으로 인해 부동산 활동이나 현상도 개별화된다.

4) 개별성은 토지시장을 불완전경쟁시장으로 만드는 요인이다.

(2) 일물일가 적용 배제

1) **일물일가** = 동일한 **물건**은 동일한 **가격**을 갖는다.

2) 토지는 **개별성**으로 인해 동일한 물건 자체가 없으므로 **일물일가가 적용되지 않는다.**

3) 따라서 구체적인 가격을 구하려면 각각의 토지를 모두 개별적으로 분석해야 한다(개별분석).

4) 거래사례를 통한 지가 산정이 어렵다.

(3) 높은 정보비용과 거래비용

1) 토지에 관한 정보와 거래정보는 공개하지 않으려 하고, 개별성으로 인해 특정 부동산에 대한 정보수집이 어렵다. = 정보비용 발생

2) 같은 이유로, 토지를 거래할 때 전문가(공인중개사)의 도움을 받는다. = 거래비용 발생

05 토지의 인문적 특성

(1) 용도의 다양성

   1) 토지는 여러 가지 용도로 사용될 수 있다.
      (두 개 이상의 용도가 서로 경합할 수 있다)

   2) 토지의 여러 용도 중에서도 **최**고로 **유**용하고 **효**율적으로 **이용**하는 것이 바람직하다.
      = **최유효이용**의 판단 근거이다.

   3) 용도 전환을 통해 토지의 용도적(경제적) 공급을 가능하게 한다.

(2) 병합·분할 가능성

   1) 효과적인 토지이용을 위한 토지의 분할이나 합병이 가능하다.

(3) 위치의 가변성

   1) 토지를 둘러싸고 있는 토지의 인문적 환경이 변하면 토지의 가치 또한 변할 수 있다.
      예 주변에 있던 혐오시설들이 사라지고 대형 백화점이 들어섰다.
      (혐오시설 옆 토지에서 백화점 옆 토지로 상대적 위치가 변할 수 있음)

박문각 공인중개사

제1장 부동산 수요
제2장 부동산 공급
제3장 시장의 균형
제4장 탄력성
제5장 경기변동
제6장 거미집모형

PART

02

부동산 경제론

PART 02 부동산 경제론

제1장 부동산 수요

01 수요의 개념

(1) 사전적 개념 : 수요량은 주어진 가격수준에서 수요자가 구매하고자 하는 최대 수량이다.
   (실제로 구매한 수량이 아님)

(2) 유효수요 : 부동산의 수요는 **구매력(지불능력)**이 뒷받침된 유효수요가 되어야 한다.
   (구매의사 + 구매력)

02 유량 vs 저량

(1) **유량** : '일정 기간'을 기준으로 측정하는 변수
   예 수입, 임금, 소득, 신규주택공급량, 거래량
   '한달 동안'이라는 표현 붙여보기

(2) **저량** : '일정 시점'을 기준으로 측정하는 변수
   ❖ 보통재자가부인 : 주택보급률, **통화량**, 재고, 자산(자본), 가격(가치), 부채, **인구**
   '현재'라는 표현 붙여보기

03 가격과 수요량의 관계

가격	수요량	
↑	↓	화살표가 서로 반대방향 = **가격이 상승하면 수요는 감소한다.** = **가격과 수요량은 반비례**
↓	↑	

04 수요법칙

가격과 수요량은 반비례 관계(비싸면 적게 산다!!)

05 수요곡선

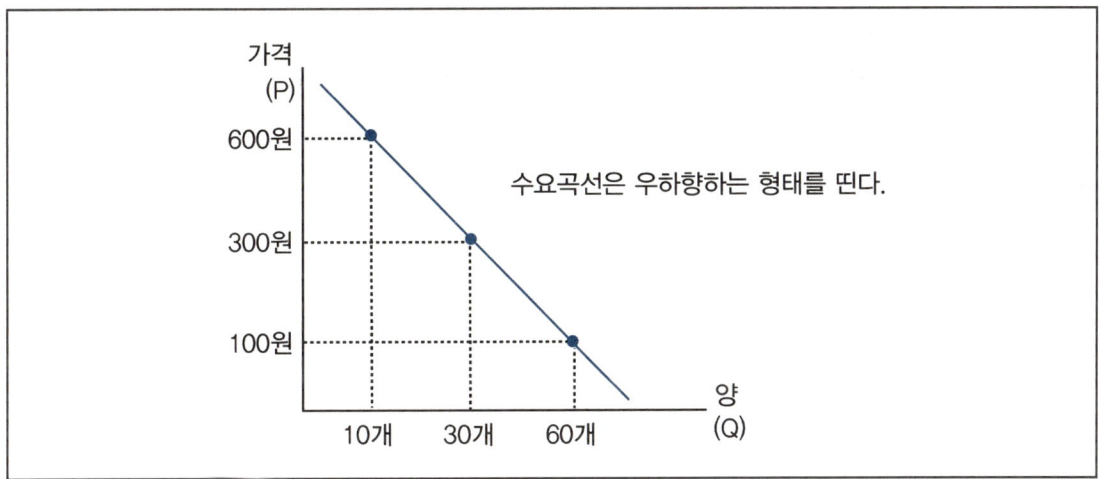

1) 부동산 시장수요곡선은 개별수요곡선을 **수평**으로 합하여 도출한다.

06 수요량의 변화 vs 수요의 변화

(1) **수요량의 변화**: **해당 재화의 가격 변화**가 (수요량을 변화시키면) **곡선상의 이동**으로 나타난다. (**한 가지 요인**) ● 해가 선상

(2) **수요의 변화**: 가격 이외의 요인이 (수요량을 변화시키면) **곡선의 이동**으로 나타난다. (**무수히 많은 요인**)

(3) 수요의 변화 요인

  1) **인구의 증가**: 구매하려는 사람 수가 많아져 수요 증가

  2) <u>소득수준의 향상</u>: 소득수준이 올라가면 수요 증가

  3) **금리의 하락**: 이자율이 낮아지면 돈을 많이 빌릴 수 있으므로 수요 증가

  4) **선호도 증가**: 선호도가 곧 수요. 선호도가 증가하면 수요도 증가

5) **가격 상승 예상**: 곧 아파트 가격 오르니까 오르기 전에 지금 사자! 수요 증가
(가격이 상승하면 수요감소, 근데 **예상**이 붙으면 **방향 뒤집어** 수요증가!)

6) **대체재의 가격 변화**: '수요와 수요가 반대'를 가장 먼저 떠올리기! 대체재의 가격이 상승하면 대체재의 수요가 감소하므로 해당 재화의 수요 증가
'대체, 보완 나오면 수요로 맞춰놓기!!'

7) **보완재의 가격 변화**: '수요 − 수요가 같은 방향'을 가장 먼저 떠올리기! 보완재의 가격이 하락하면 보완재의 수요가 증가하므로 해당 재화의 수요 증가

07 대체재와 보완재

(1) **대체재**: 가격과 효용이 비슷한 재화,
A재화 대신 선택할 수 있는 대체 선택지
대체재인 재화는 수요와 수요가 서로 반대이다.
(A재화의 수요와 B재화의 수요를 비교한다!!!!)
예 콜라와 사이다, 돼지고기와 닭고기, 아파트와 단독주택

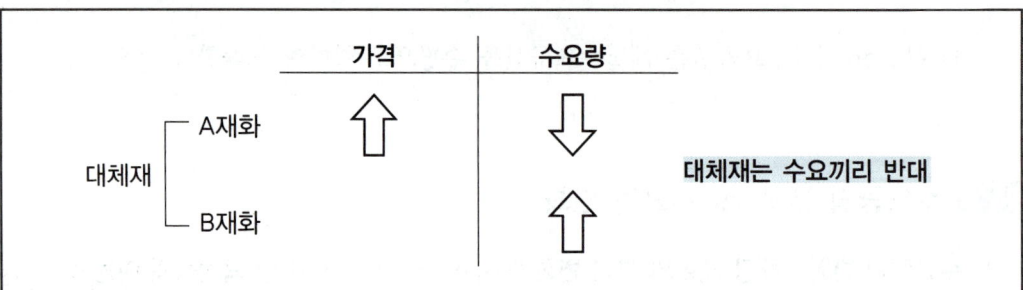

(2) **보완재**: 단독으로 사용하기보다 같이 사용했을 때 더 큰 만족을 얻는 재화
보완재인 재화는 수요와 수요가 서로 같은 방향으로 움직인다.
(A재화의 수요와 B재화의 수요를 비교한다!!!!)
예 실과 바늘, 책상과 의자, 아파트와 아파트 인테리어사업

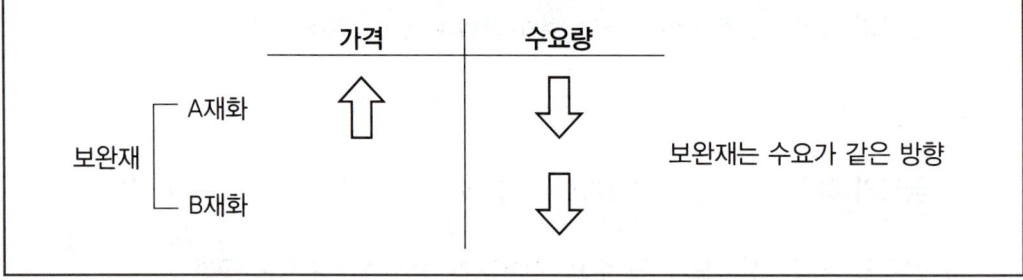

제2장 부동산 공급

01 공급의 개념

(1) 사전적 개념: 공급량은 주어진 가격수준에서 공급자가 판매하고자 하는 최대 수량이다.
(실제로 판매한 수량이 아님)

02 가격과 공급량의 관계

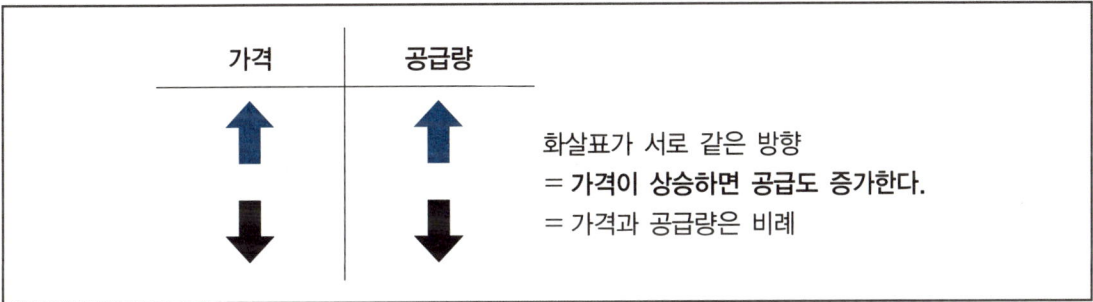

화살표가 서로 같은 방향
= **가격이 상승하면 공급도 증가한다.**
= 가격과 공급량은 비례

03 공급법칙

가격과 공급량은 비례 관계(공급자들은 비싸게 팔아야 좋다!!)

04 공급곡선

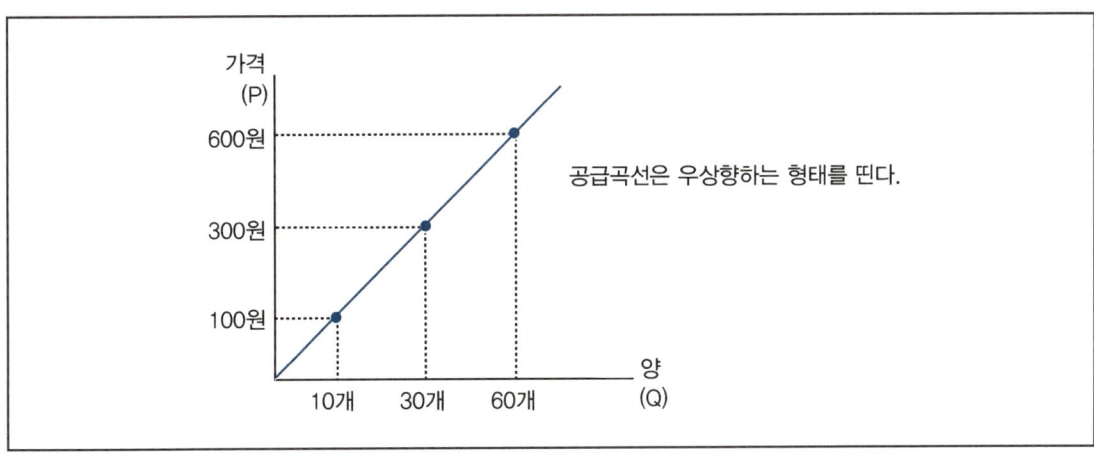

공급곡선은 우상향하는 형태를 띤다.

05 공급량의 변화 vs 공급의 변화

(1) **공급량의 변화**: **해당 재화의 가격 변화**가 (공급량을 변화시키면) **곡선상의 이동**으로 나타난다. (**한 가지 요인**) ❶ 암기코드 해가 선상

(2) **공급의 변화**: 가격 이외의 요인이 (공급량을 변화시키면) **곡선의 이동**으로 나타난다. (**무수히 많은 요인**)

(3) **공급의 변화 요인**(건설, 건축이 붙으면 공급요인에만 해당한다)

   1) **건설업체 수의 증가**: 판매하는 사람 수가 많아지므로 공급 증가

   2) **생산요소 가격 하락**: 생산비가 저렴해지므로 공급 증가
      예 건설용 토지, 건축원자재, 건설노동자들의 **임금** 등

   3) **건설 기술 수준의 향상**: 기술이 좋아지면 생산성이 좋아지므로 공급 증가

   4) 금리의 하락: 공급자들도 돈 빌린다. 돈 많이 빌릴 수 있으므로 공급 증가

   5) **가격 하락 예상**: 곧 가격이 떨어지니까 떨어지기 전에 지금 팔자! 공급 증가
      (가격이 하락하면 공급 감소, 근데 **예상**이 붙으면 **방향 뒤집어** 공급 증가)
      + '신규'공급을 물어보면 '기대, 예상'이라는 표현이 없다고 생각하고 풀기.

제 3 장 시장의 균형

01 균형의 개념

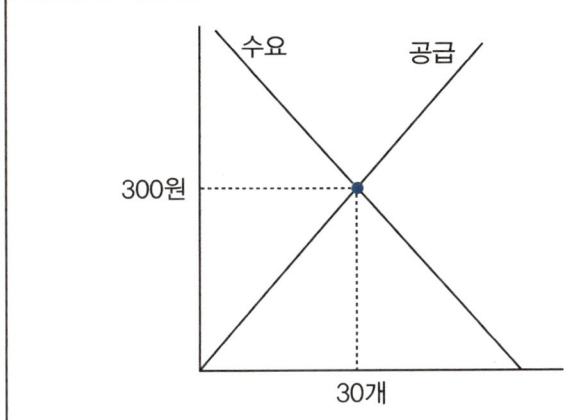

(1) 수요량과 공급량이 같아지는 지점(교차점)이 균형
(2) 균형에서의 가격 → 균형가격
    균형에서의 양 → 균형거래량

02 균형의 변화(그래프)

(1) 수요·공급함수 변화 전, 후의 균형가격과 균형량의 변화를 묻는 문제

   [간단] **수요와 공급 중 더 크게 변한 것만 보고 가격과 양 변화를 대답하기.**

   [심화] 수요공급 모두 변했지만 상대적인 폭을 주지 않은 경우
   → 곡선을 여러 개 그려서 푼다.

(2) <u>그래프 이동 예시</u>

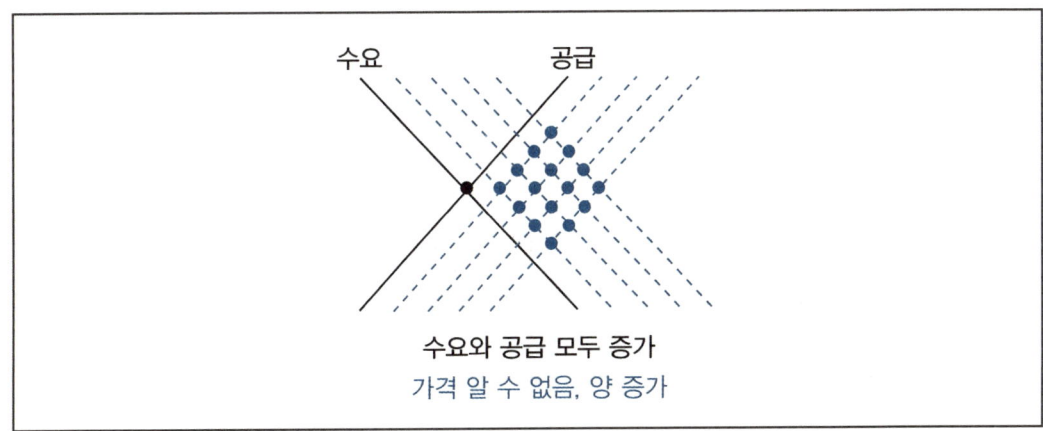

03 균형의 변화 (계산)

[28회] 다음 조건에서 A지역 아파트시장이 t시점에서 (t+1)시점으로 변화될 때, 균형가격과 균형량의 변화는?

- 아파트 공급함수: $Q_s = 2P$
- t시점 아파트 수요함수: $Q_d = 900 - P$
- (t+1)시점 아파트 수요함수: $Q_d = 1,500 - P$

(1) 균형의 변화 계산 순서

1) 수요함수와 공급함수를 위아래로 나란히 옮겨 적기(변화 전, 후 각각)

   수요함수: $Q_d = 900 - P$ → $Q_d = 1,500 - P$
   공급함수: $Q_s = 2P$ $Q_s = 2P$

2) 수요·공급 함수에서 Q 뒤에 있는 부분에 네모 박스 치기(Q 빼고 전부)

   수요함수: $Q_d = \boxed{900 - P}$ → $Q_d = 1,500 - P$
   공급함수: $Q_s = \boxed{2P}$ $Q_s = 2P$

3) 네모 안에서, '위와 아래는 같다' 라는 식을 다시 만들기

   $900 - P = 2P$

4) 3)에서 구한 식으로 P값을 찾기, P값으로 대입해서 Q값을 찾기

   $900 = 3P$ $Q = 900 - 300$
   $P = 300$ $Q = 600$

5) 변화 후의 식에도 2) ~ 4) 과정을 반복한 후 P, Q를 비교

   변화 전) 균형가격(P) = 300, 균형량(Q) = 600
   변화 후) 균형가격(P) = 500, 균형량(Q) = 1,000
   답: 가격은 200 상승, 균형량은 400 증가

제4장 탄력성

01 탄력성의 개념

수요의 가격탄력성 ➡ 자극에 대한 반응 ➡ $\dfrac{\text{수요량의 변동률(\%) (반응)}}{\text{가격의 변동률(\%) (자극)}}$

(1) 탄력성은 증가, 감소의 개념이 아니라 "크다, 작다"의 개념
  ★ 지문에 **탄력성**이 나오면 "**크게, 작게 / 크다, 작다 / 커진다, 작아진다**"에 포인트를 두기!

02 탄력성의 정도

탄력성의 크기	구분	탄력성 크기의 의미
탄 = ∞	완전탄력적	미세한 가격변화에 수요량이 무한히 크게 변화
1 < 탄 < ∞	탄력적	수요량의 변화율 > 가격변화율
탄 = 1	단위탄력적	수요량의 변화율 = 가격변화율
0 < 탄 < 1	비탄력적	수요량의 변화율 < 가격변화율
탄 = 0	완전비탄력적	가격이 변화와는 상관없이 수요량이 고정된다.

03 탄력성의 그래프

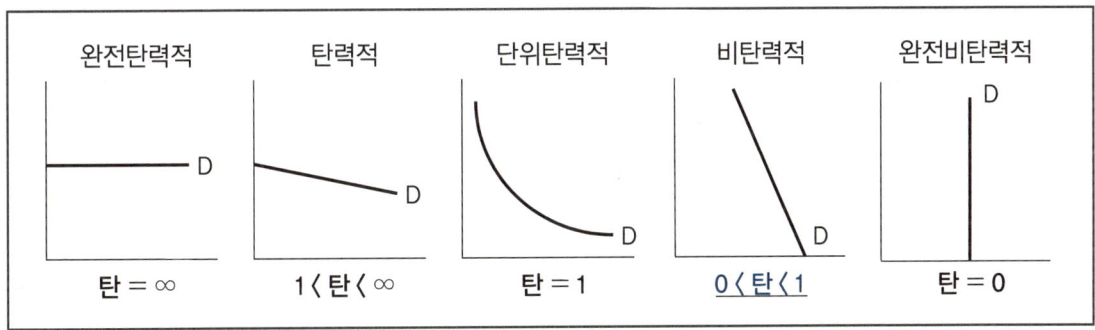

(1) 탄력성이 클수록 그래프는 눕는다.

(2) **완전비탄력적**: **수직선**, **양 고정**, 가격 무한히 크게 변화

(3) **완전탄력적**: **수평선**, **가격 고정**, (미세한 가격 변화에) 양 무한히 크게 변화

04 　수요의 가격탄력성의 결정요인

◆ 고를 수 있는 선택지가 많을수록 탄력적이다.

(1) 대체재가 많을수록: 대체선택지가 많아지므로 **탄력적**

(2) 종류별로 세분할수록: 고를 수 있는 종류가 많아지므로 탄력적

(3) <u>용도전환이 용이할수록</u>: 원하는 용도의 부동산이 많아지므로 **탄력적**

(4) 주거용 부동산일수록: 주거용 부동산이 가장 많으므로 탄력적

(5) <u>측정기간(관찰기간)이</u> **장기일수록**: '1년 동안 vs 5년 동안'의 신규 부동산 공급을 비교하면 장기일수록 선택지가 많아지므로 **탄력적**

(6) 생산 소요기간이 짧을수록: '3년 만에 건축 vs 한 달 만에 건축'을 비교하면 공급에 걸리는 기간이 짧을수록 선택지 공급이 쉬우므로 **탄력적**

05 　수요의 탄력성과 임대부동산의 임대료 수입

◆ 탄저비고증
탄력적일 경우에 저가전략 → 수입증가
비탄력적일 경우에 고가전략 → 수입증가

(1) 임대주택 수요의 가격탄력성이 1보다 큰 경우(**탄력적**) 임대주택의 임대료가 하락하면(**저가**) 전체 임대료 수입은 **증가**한다.

(2) 임대주택 수요의 가격탄력성이 1보다 작은 경우(**비탄력적**) 임대주택의 임대료가 상승하면(**고가**) 전체 임대료 수입은 **증가**한다.

06 가격의 변화율과 양의 변화율 크기 비교

● 탄력성에서 "가격, 양"을 물으면 선 하나 그려놓고 풀기

(1) 가격탄력성이 **탄력적**일수록 **가격은 작게** 변하고, **양은 크게** 변한다.
   = **양이 더 크게** 증가, 감소한다.

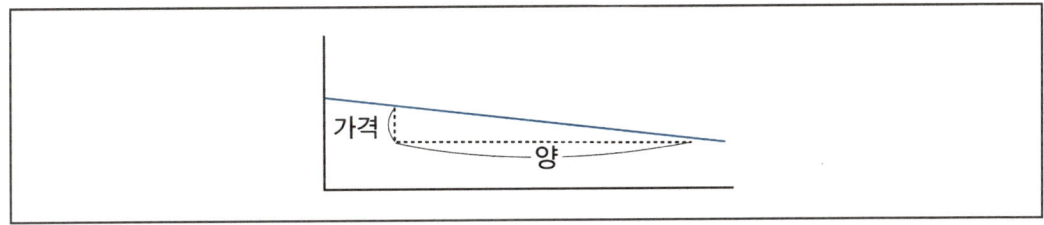

(2) 가격탄력성이 **비탄력적**일수록 **가격은 크게** 변하고 **양은 작게** 변한다.
   = **가격이 더 크게** 상승, 하락한다.

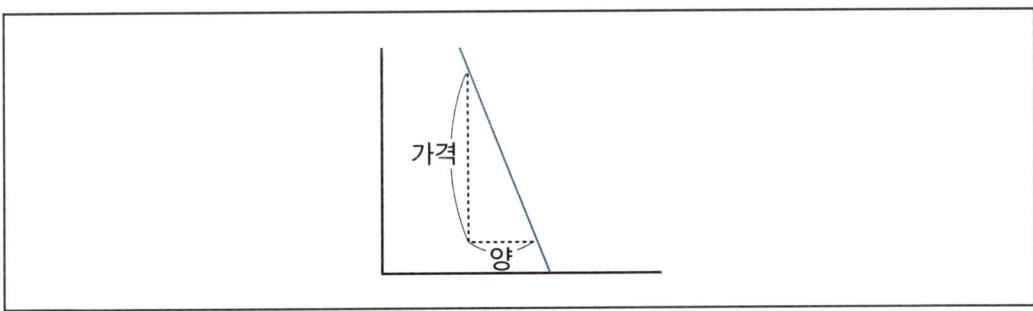

07 탄력성 종류와 공식

● '의'에서 끊고 위에서 아래로 공식 적기

(1) **수요의 가격탄력성**

$$수요의\ 가격탄력성 = \frac{A수요량의\ 변동률(\%)}{A가격의\ 변동률(\%)}$$

1) 수요법칙에 의해 가격이 상승하면 수요량은 감소하고 가격이 하락하면 수요량은 증가한다. 따라서 분자와 분모의 방향이 **항상 반대**이므로 학자들끼리의 약속으로 가격탄력성은 절댓값을 취한다. (부호를 적지 않는다)

(2) 수요의 소득탄력성

$$\text{수요의 소득탄력성} = \frac{\text{A수요량의 변동률(\%)}}{\text{소득의 변동률(\%)}}$$

1) **정상재**는 소득탄력성의 **부호가** (+)이고,
   열등재는 소득탄력성의 부호가 (−)이다.
   (열등재: 소득이 증가할 때 수요가 오히려 감소하는 재화)

2) 계산문제에서는 거의 정상재가 나오기 때문에 소득탄력성은 위아래 화살표 같다고 생각하고 풀어도 무방하다.

(3) 수요의 교차탄력성

$$\text{수요의 교차탄력성} = \frac{\text{A수요량의 변동률(\%)}}{\text{다른 재화(B) 가격의 변동률(\%)}}$$

1) 두 재화가 **대체재**이면 **교차탄력성의 부호가** (+)이고,
   두 재화가 보완재이면 교차탄력성의 부호가 (−)이다.

08 탄력성 계산

변화율을 주고 탄력성을 계산 또는 **탄력성을 주고 변화율을 계산하는 문제**

1) 문제에 탄력성 종류가 몇 개 나왔는지 체크하고 식 적기

2) 적어놓은 식에 조건 대입(증가, 감소 화살표 중요!)

3) '전체 수요량의 변화율'은 수요량을 모두 더할 것 → '수요 + 수요 + 수요'

4) 계산하기

[30회] 아파트에 대한 수요의 **가격탄력성**은 0.6, **소득탄력성**은 0.4 이고, 오피스텔가격에 대한 아파트 수요량의 **교차탄력성**은 0.2 이다. 아파트가격, 아파트 수요자의 소득, 오피스텔가격이 각각 3%씩 상승할 때, 아파트 전체 수요량의 변화율은? (단, 두 부동산은 모두 정상재이고 서로 대체재이며, 아파트에 대한 수요의 가격탄력성은 절댓값으로 나타내며, 다른 조건은 동일함)

$$\frac{\text{아파트 수요}}{\text{아파트 가격}} = \frac{\text{아파트 수요}}{\text{소득}} = \frac{\text{아파트 수요}}{\text{오피스텔 가격}} =$$

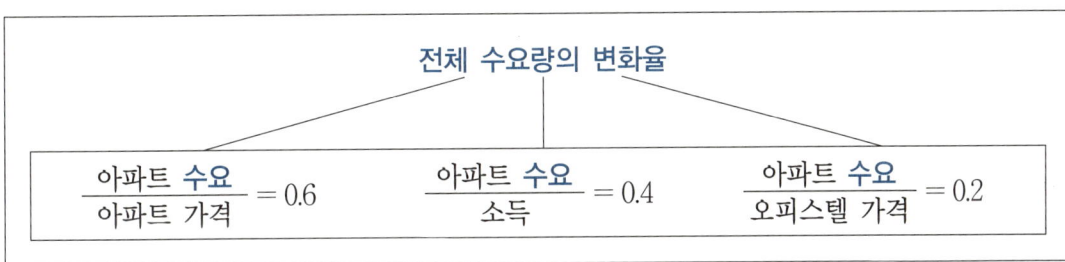

제 5 장 경기변동

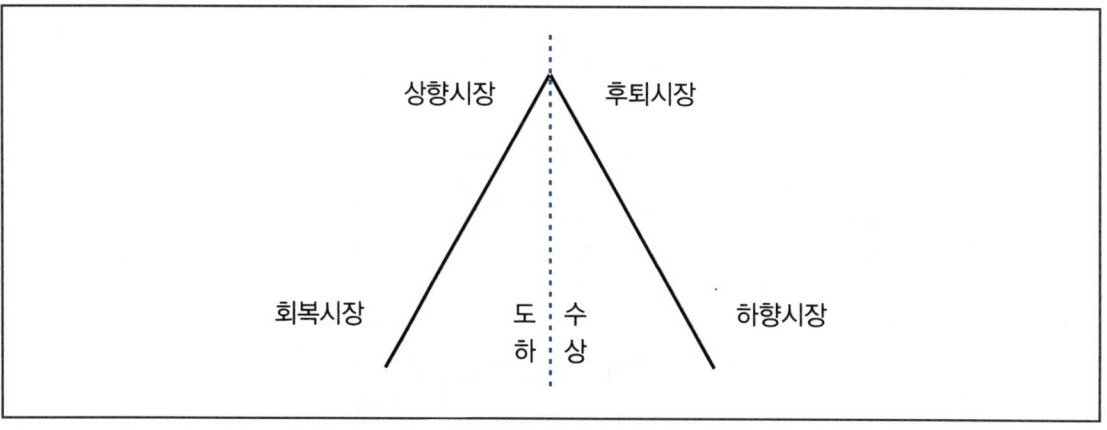

01 특징

(1) 부동산 경기변동이란 부동산시장이 일반 경기변동처럼 상승과 하강국면이 반복되는 현상을 말한다.

(2) **부동산경기는** 일반 경기변동에 비해 **진폭이 크고, 주기가 길다.**

(3) **부동산경기는** 일반 경기변동에 비해 **불규칙**하고 순환이 일정치 않은 경향을 보인다.

(4) 부동산 경기변동의 국면은 공실률, 건축허가 건수, 건축착공량, 거래량 등으로 확인할 수 있다.

(5) 부동산경기는 도시별로 다르게 변동할 수 있고, 같은 도시라도 도시 안의 지역에 따라 다른 변동양상을 보일 수 있다.

02 경기변동의 종류

(1) 순환적 경기변동

1) 순환적 경기변동은 회복국면, 상향국면, 후퇴국면, 하향국면 등이 있다.
(회상후하 도수하상)

① 안정시장: 부동산시장은 회복, 상향, 후퇴, 하향의 4가지 국면 외에 안정시장이라는 국면이 있다. (불황에 강한 유형의 시장)
㉠ 안정시장에서는 과거의 거래가격을 신뢰할 수 있는 가격으로 본다.

(2) 계절적 변동

　1) 계절적 요인으로 인한 경기변동

　　　예 봄, 가을의 반복적인 주택거래 건수 증가
　　　예 대학교 근처의 원룸들이 방학이 되면 공실률이 높아지는 현상
　　　예 매년 12월에 건축허가량이 다른 달에 비해 줄어드는 현상 등

(3) **무작위적 변동**

　1) **정부**의 새로운 부동산**정책**으로 인한 경기변동

　　　예 총부채상환비율(DTI), 일시적인 정부 규제 완화 등으로 인한 경기변동

(4) 추세적 변동(장기적 변동)

　1) 장기적으로 측정되는 경기변동

　　　예 어떤 지역이 새롭게 개발되거나(신개발), 기존 지역의 재개발로 인한 경기변동

제6장 거미집모형

01 개념

(1) 거미집이론은 균형의 이동을 **동태적**으로 설명하는 이론이다.

(2) 거미집이론의 기본가정으로 부동산가격이 변동하면 **수요는 즉각적으로 반응하지만, 공급은 일정 기간 경과 후 변동한다. (수요와 공급의 시차)**

(3) 따라서 부동산가격의 폭등, 폭락 현상이 반복되어 나타난다.

02 거미집모형의 유형

(1) 모형 형태 ❶ 공기수 수탄수

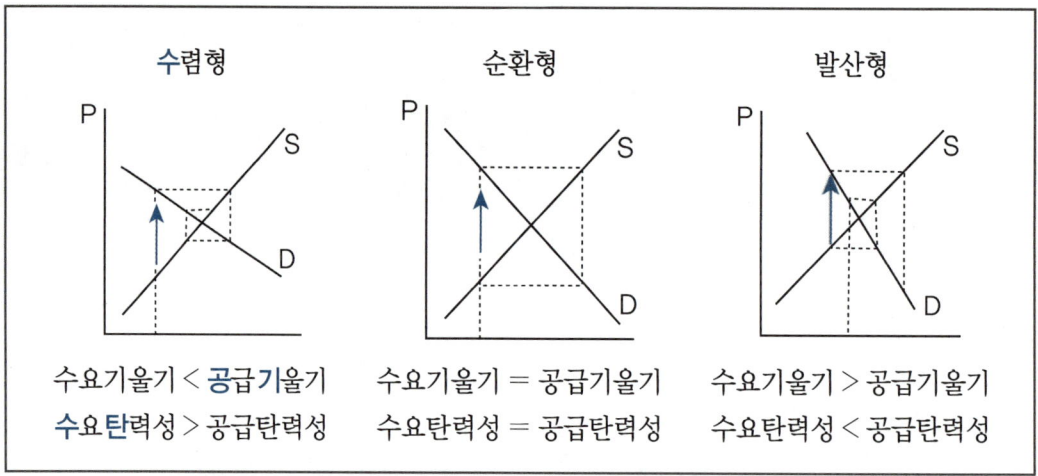

수렴형	순환형	발산형
수요기울기 < **공급기울기**	수요기울기 = 공급기울기	수요기울기 > 공급기울기
수요탄력성 > 공급탄력성	수요탄력성 = 공급탄력성	수요탄력성 < 공급탄력성

1) 수렴형: 가격에 대한 수요의 탄력성이 공급의 탄력성보다 클 경우 균형에 충격이 가해지면 새로운 균형으로 **수렴**한다.

2) 발산형: 가격에 대한 수요의 탄력성이 공급의 탄력성보다 작을 경우 균형에 충격이 가해지면 균형으로부터 이탈, **발산**한다.

3) 순환형: 가격에 대한 수요의 탄력성이 공급의 탄력성과 같을 경우 균형에 충격이 가해지면 **순환**한다.

모형형태 ❶ 암기코드 ❶ 공기수 수탄수
(공급의 기울기가 더 크면 수렴형, 수요의 탄력성이 더 크면 수렴형)

PART

03

부동산 시장론

제1장 완전경쟁시장과 부동산시장
제2장 효율적 시장
제3장 주택 여과과정 및 주거분리현상
제4장 지대이론
제5장 도시공간구조론
제6장 입지론

PART 03 부동산 시장론

제1장 완전경쟁시장과 부동산시장

01 완전경쟁시장

(1) 완전경쟁시장의 성립조건 ❶ 다정동진

1) **다**수의 수요자와 공급자: 개별수요자와 공급자는 가격에 영향을 미칠 수 없다.

2) **정**보의 완전성: 경제주체들이 모든 정보를 보유하고 있다.

3) **동**질적인 재화: 재화의 모양, 품질, 서비스 등이 완전히 동질적이다.

4) **진**입과 퇴거의 자유: 시장에 참여하거나 나오는 것이 자유롭다. (**진**입장벽 ×)

(2) 완전경쟁시장과 부동산시장

구분	완전경쟁시장	부동산시장
시장참여자	다수의 수요자와 공급자	특정 지역에 소수만 참여 (부동성 - 지역시장)
정보	정보가 완전히 공개	정보의 비공개성 (개별성)
재화의 동질성	모든 상품이 동일	일물일가 적용 배제 (개별성)
진입과 퇴거	제한이 없음	고가의 재화, 거래비용 비싸다 (개별성)

02 부동산시장의 특징

(1) 부동산시장에서는 어떤 특정한 지역에 **국한**되는 시장의 **지역성 혹은 지역시장성이 존재한다.**

(2) 부동산시장의 분화현상은 경우에 따라 **부분시장**(sub-market)별로 시장의 불균형을 초래하기도 한다.

(3) 부동산 공급에는 상당한 시간이 소요되기 때문에 **단기적으로 가격의 왜곡**이 발생할 가능성이 있다.

(4) 부동산시장에서는 **정보의 비대칭성**으로 인해 부동산가격의 왜곡현상이 나타나기도 한다.

(5) 부동산은 일반재화에 비해 **거래비용이 많이** 들고, 부동산이용의 **비가역적 특성**이 있다.

(6) 부동산은 **다양한 공·사적 제한이 존재**하며, 이는 부동산가격 변동에 영향을 미칠 수 있다.

(7) **개별성**의 특성은 부동산상품의 표준화를 어렵게 할 뿐만 아니라 부동산시장을 복잡하고 다양하게 한다.

(8) 부동산시장은 부동산권리의 교환, 가격결정, 경쟁적 이용에 따른 공간배분 등의 역할을 수행한다.

제2장 효율적 시장

01 효율적 시장

(1) 효율적 시장은 어떤 정보를 지체 없이 가치에 반영하는가에 따라 구분될 수 있다.

(2) 효율적 시장의 구분

1) **약성** 효율적 시장

① **과거 정보가 반영**된 시장(현재, 미래 정보는 반영되지 않음)

② **과거**의 정보를 분석하면 → **정상이윤**(이미 반영된 정보를 분석)

③ 현재, 미래의 정보를 분석하면 → 초과이윤(아직 반영되지 않은 정보를 분석)

④ 분석방법 → **기술적** 분석(= **과거**정보)

2) **준강성** 효율적 시장

① **과거, 현재 정보가 반영**된 시장(미래 정보는 반영되지 않음)

② **과거, 현재**의 정보를 분석하면 → **정상이윤**(이미 반영된 정보를 분석)

③ 미래의 정보를 분석하면 → 초과이윤(아직 반영되지 않은 정보를 분석)

④ 분석방법 → **기본적** 분석(= **현재**정보)

> 예 준강성 효율적 시장은 **과거**의 추세적 정보뿐만 아니라 **현재** 새로 공표되는 정보가 지체 없이 시장가치에 **반영**되므로 공식적으로 이용가능한 정보를 기초로 **기본적 분석**을 하여 투자해도 초과이윤을 얻을 수 없다.

⑤ 공식적으로 이용 가능한, 공표된 정보: 과거, 현재 정보
   불법적인, 공표되지 않은 정보: 미래 정보

약	준	강	
과	현	미	정상

3) **강성** 효율적 시장

① **과거, 현재, 미래 모든 정보가 반영**된 시장(반영되지 않은 정보는 없음)

② 어떤 정보를 분석하더라도 정상이윤만을 얻을 수 있음

③ **어떤 정보를 이용하여 분석하더라도 초과이윤을 얻을 수 없음**

> 예 강성 효율적 시장은 **공표된 정보**는 물론이고 **아직 공표되지 않은 정보**까지도 시장가치에 반영되어 있는 시장이므로 이를 통해 초과이윤을 얻을 수 없다.

④ 강성 효율적 시장은 완전경쟁시장의 가정에 가장 근접하게 부합되는 시장이다.

4) 할당 효율적 시장

① 자원이 효율적으로 배분되어서 누구도 비용보다 싼 값으로 정보를 얻을 수 없는 시장
   = 초과이윤이 없는 시장

② 초과이윤× → 할당 효율적 ○
   초과이윤○ → 할당 효율적 ×

③ 완전경쟁시장은 모든 정보가 공개되어있으므로 초과이윤이 없기 때문에 할당 효율적이다.

④ 불완전경쟁시장은 공개되지 않은 정보가 존재하기 때문에 초과이윤을 얻을 수 있음 → 할당 효율적이지 못하다.

⑤ 하지만, '정보를 얻는 데 드는 비용 = 정보로 얻는 초과이윤'인 상황에서는 할당 효율적일 수 있다.

⑥ 불완전경쟁시장에서도 할당 효율적 시장이 될 수 있다.
   ◆ 불완전해도 할당일 수 있다!!

02 정당한 정보의 현재가치

1) 개발되지 않을 확률
2) 개발됐을 때의 가격, 개발되지 않았을 때의 가격을 서로 빼기
3) 몇 년 후인지 확인하고 요구수익률로 할인

◆ 암기코드 안 빼 할인

[25회] 1년 후 신역사가 들어선다는 정보가 있다. 이 정보의 현재가치는?

- 역세권 인근에 일단의 토지가 있다. **개발되지 않을 확률 60% = × 60%**
- 역세권개발계획에 따라 1년 후 신역사가 <u>들어설 가능성은 40%</u>로 알려져 있다.
- 이 토지의 1년 후 예상가격은 신역사가 들어서는 경우 <u>8억 8천만원</u>, 들어서지 않는 경우 <u>6억 6천만원</u>이다. **가격 차이 2억 2천만원 = 22,000**
- 투자자의 <u>요구수익률은 연 10%</u>다.
   나누기 110% (1년이니까 1번만 할인)

[풀이]
22,000 × 60% ÷ 110% = 12,000

| 제3장 | 주택 여과과정 및 주거분리현상 |

01　주택 여과과정

```
                고소득층 주택                          고소득층 주택
     하향여과 :      ↓              상향여과 :          ↑
                저소득층 주택                          저소득층 주택
```

(1) 하향여과

　　1) **상위계층에서 사용되는 기존주택이 하위계층에서 사용되는 것을 하향여과**라 한다.

　　2) 수선에 드는 비용 < 수선으로 인한 **가치상승분**: 이사 ×, **하향여과** ×
　　　　수선에 드는 **비용** > 수선으로 인한 가치상승분: 이사 ○, **하향여과** ○

　　3) **이동이 있으면, 하향여과가 발생한다.**

(2) 상향여과

　　1) 저급주택이 수선되거나 재개발되어 상위계층에서 사용되는 것을 상향여과라 한다.

(3) **공가(空家)의 발생은 주택여과과정의 중요한 구성요소 중 하나이다.**
　　(공가가 있어야 여과과정 발생 가능)

(4) 주택 여과과정은 시간이 경과하면서 주택의 질과 주택에 거주하는 가구의 소득이 변화함에 따라 발생하는 현상이다.

02 주거분리현상

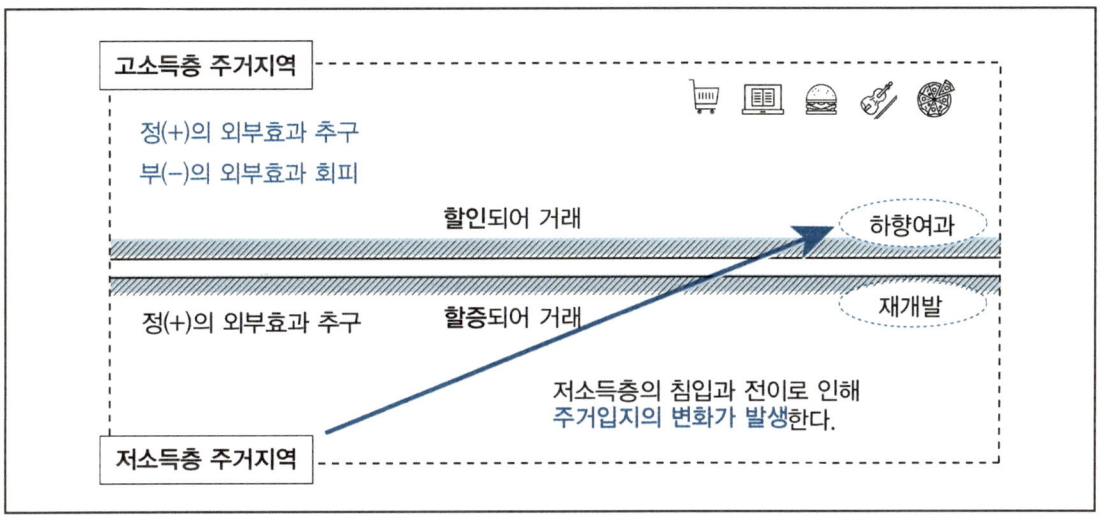

(1) **주거분리**는 고소득층 **주거지**와 저소득층 **주거지**가 서로 **분리**되는 현상을 의미한다.

(2) 주거분리는 주택소비자가 부(−)의 외부효과는 피하고 정(+)의 외부효과는 얻고자 하는 과정에서 발생한다.

(3) 고소득층 주거지와 저소득층 주거지가 인접한 경우, 경계지역 부근의 **저소득층 주택은 할증**되어 거래되고 **고소득층 주택은 할인**되어 거래된다.

(4) 도시 전체에서뿐만 아니라 지리적으로 인접한 근접지역에서도 발생할 수 있다.

(5) 저소득가구의 침입과 천이 현상으로 인하여 주거입지의 변화가 야기될 수 있다.

제4장 지대이론

01 리카도의 차액지대설

(1) 고전학파(지대는 잉여다)

1) **지대는 잉여**이기에 토지생산물의 가격이 높아지면 지대가 높아지고, 토지생산물의 가격이 낮아지면 지대도 낮아진다.

(2) 차액지대설

1) 우등지와 열등지의 **비옥도 차이**를 지대로 보았다.
2) 한계지의 생산비와 우등지의 **생산비(수확량) 차이**를 지대로 보았다.

	우등지 A토지	열등지 B토지	최열등지 C토지
수확	100만원	80만원	50만원
비용	50만원	50만원	50만원
잉여 =지대	50만원	30만원	0원

차액지대설

(3) 지대 발생 원인

1) 지대 발생 원인을 농토의 **비옥도**에 따른 농작물 수확량의 **차이**로 파악한다.
2) 지대 발생의 원인을 **비옥한 토지의 희소성**과 **수확체감현상**으로 설명한다.
3) **최열등지(한계지)**에서는 **지대가 발생하지 않는다**고 주장한다.

(4) 한계점

1) 현실적으로 개인이 소유한 토지는 생산성이 아무리 떨어져도 지대가 있다. (마르크스가 수정, 보완)
2) 현대사회에서 토지의 가장 중요한 요소는 위치이다. 리카도는 비옥도 측면에서만 지대를 설명하고 위치의 개념은 간과했다. (튀넨이 수정, 보완)

02 마르크스의 절대지대설

(1) 절대지대설
1) 토지를 (배타적으로) 소유하고 있다는 독점적 지위 때문에 지대가 발생한다고 보았다.
2) 지대란 토지의 비옥도나 생산력에 관계없이 발생한다.
3) 최열등지(한계지)에서도 토지소유자의 요구로 인하여 지대가 발생한다.

03 튀넨의 위치지대설

(1) 위치지대설
1) 운송수단이 같다는 전제하에 생산지와 시장의 거리에 따른 수송비(접근성)의 차이가 지대의 차이를 가져온다고 보았다.
2) **지대는 중심지에서 거리가 멀어질수록 하락**한다.
3) 지대 = 매상고 − (생산비 + **수송비**)
(매상고에서 생산비만 빼주는 것이 아니라 수송비도 고려해야 한다)
4) 완전히 단절된 고립국을 가정하여 이론을 설명하였다.
5) 농업입지론의 기초가 되었다. (농업적 토지이용)
6) **작물재배활동**은 생산비와 **수송비를 반영**하여 공간적으로 **분화**된다고 보았다.
(집약적 농업과 조방적 농업)

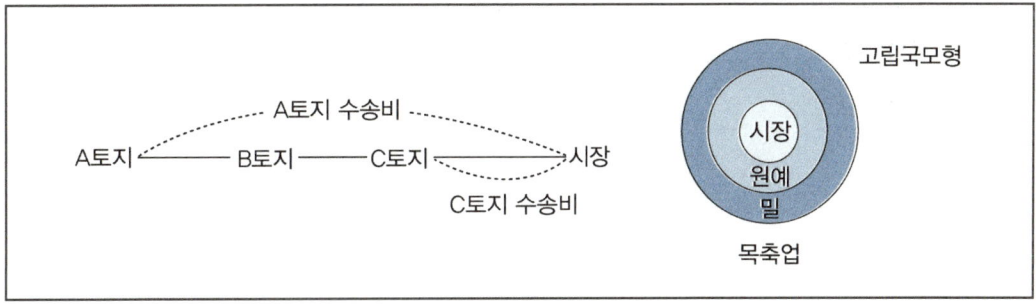

04 알론소의 입찰지대설

(1) 입찰지대설

1) 단일도심도시의 토지이용 형태를 설명함에 있어 입찰지대의 개념을 적용하였다.
2) 입찰지대는 토지소유자의 경쟁으로 인해 창출된 지대이다.
3) 튀넨의 고립국이론을 도시공간에 적용하여 확장, 발전시킨 것이다.
4) 입찰지대곡선이란 여러 개의 지대곡선 중 가장 높은 지대를 연결한 곡선을 말한다. (최대지불용의액)

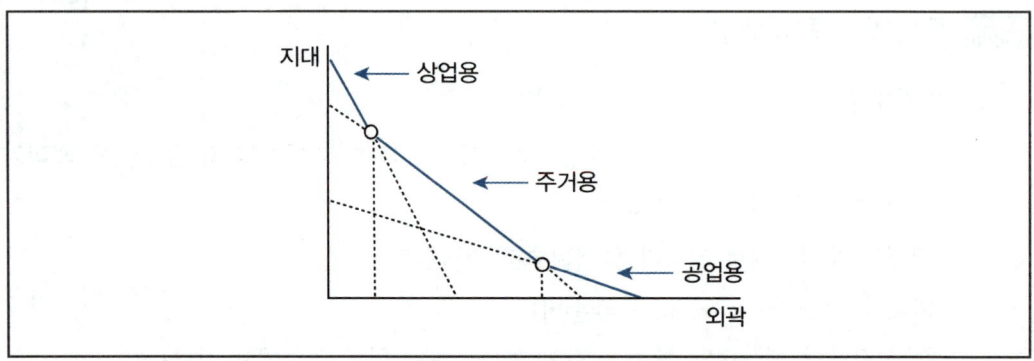

05 마샬의 준지대

(1) 준지대

1) 마샬은 일시적으로 토지와 유사한 성격을 가지는 생산요소에 귀속되는 소득을 준지대로 설명하고, 단기적으로 공급량이 일정한 생산요소에 지급되는 소득으로 보았다.
2) 영구적으로 ×

06 파레토의 경제지대

(1) 경제지대(= 파레토지대)

1) 총수입 = 전용수입 + 경제지대
   총수입 − 전용수입 = 경제지대

총수입
경제지대(초과)
전용수입(최소한의)

2) **전용수입**은 어떤 생산요소가 다른 용도로 **전용되지 않고** 현재의 용도에 그대로 사용되도록 지급하는 **최소한의 지급액**이다.

3) 경제지대는 생산요소가 얻는 총소득 중에서 전용수입을 초과하는 부분을 말한다.

07 헤이그의 마찰비용이론

(1) 마찰비용이론

1) 마찰비용은 교통비와 지대의 합으로 구성된다.
   = 교통비와 지대를 마찰비용으로 본다.

◆ 암기코드 헤교지

제 5 장 도시공간구조론

→ 도시공간이 어떤 구조로 확장되는가를 연구한 이론

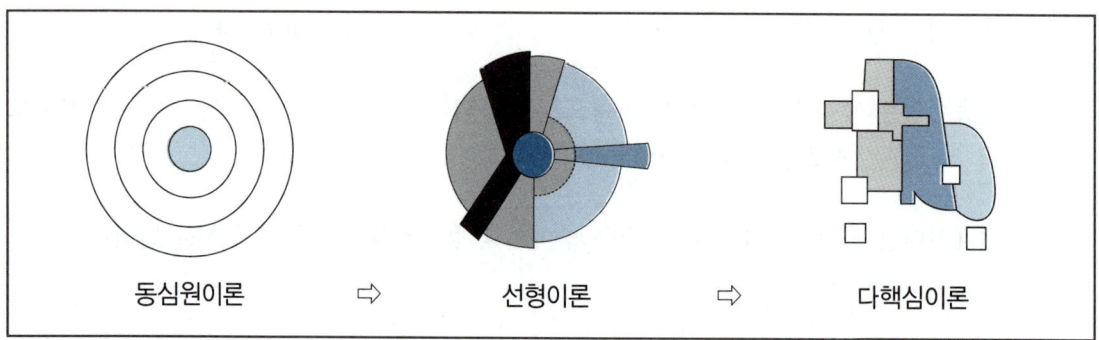

동심원이론 ⇨ 선형이론 ⇨ 다핵심이론

01 버제스의 동심원이론

(1) 동심원이론

1) 튀넨의 고립국이론을 도시 내부에 적용
2) 도시생태학적 관점
3) 침입, 경쟁, 천이 과정을 거쳐 분화함
4) 소득이 증가할수록 외곽으로 나감
5) 중심점이 저중고 = 통
6) 고소득층일수록 고용기회가 적은 부도심과 접근성이 양호하지 않은 지역에 주거를 선정하는 경향이 있다. (외곽으로 나간다)
7) 중심지에서 멀어질수록 접근성, 지대 및 인구밀도가 낮아지는 반면, 범죄, 빈곤 및 질병 등 도시문제가 적어지는 경향을 보인다.
8) 거주지 분화현상의 연구를 통하여 도시팽창이 도시내부구조에 미치는 영향을 설명했다.

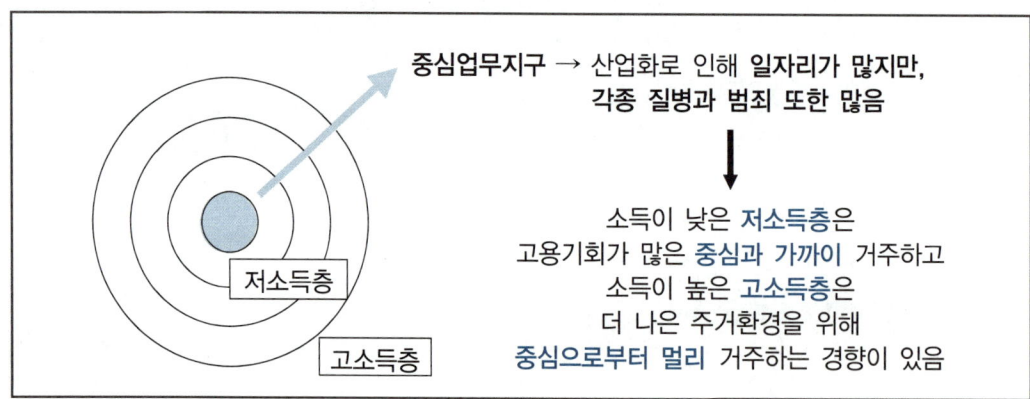

02 호이트의 선형이론

(1) 선형이론

1) 버제스의 **동심원이론**에 교통축을 추가하여 **발전시킨 이론**
2) 도시가 교통망, 교통축을 따라 확장된다고 보았다.
3) 도시가 부채꼴, 방사형으로 성장한다고 보았다.
4) 고소득층의 주거지가 형성되는 요인으로 도심과 부도심 사이의 도로, 교통노선, 고지대의 구릉지, 주요 간선도로의 근접성, 접근성을 제시하였다.
5) **교통의 발달과 소득의 증가**로 인해 도시공간구조의 변화가 생긴다.

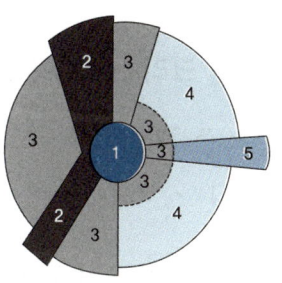

1. 중심 업무 지구
2. 도매·경공업 지구
3. 저급 주택 지구
4. 중산층 주택 지구
5. 고급 주택 지구

03 해리스와 울만의 다핵심이론

(1) 다핵심이론

1) 도시공간구조는 하나의 중심이 아니라 몇 개의 분리된 중심이 점진적으로 성장되면서 전체적인 도시가 형성됨
2) 다핵심이론의 핵심요소에는 공업, 소매, 고급주택 등이 있으며, 도시성장에 맞춰 **핵심의 수가 증가하고 특화될 수 있다.**
3) 다핵의 발생요인: 유사활동 간 집적지향성, 이질활동 간 입지적 비양립성 (분산지향성)

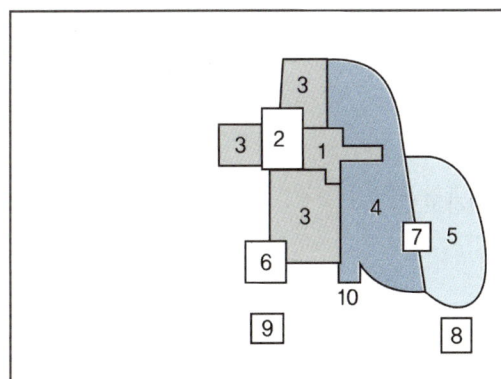

1. 중심업무지구
2. 도매경공업지구
3. 저소득층주거지구
4. 중산층주거지구
5. 고소득층주거지구
6. 중공업지구
7. 교외주택지구
8. 주변업무지구
9. 교외공업지구
10. 교외지구 및 위성도시

제 6 장 입지론

01 크리스탈러의 중심지이론

(1) 중심지이론

1) 상점의 규모에 따라 배후지(상권 범위)가 달라짐

2) 재화와 서비스에 따라 **중심지가 계층화**되며 서로 다른 크기의 도달범위와 최소요구범위를 가진다고 보았다.

① 배후지: 중심지에 의해 재화와 서비스를 제공 받는 주변지역

② **재화의 도달범위**: 수요가 '0'이 되는 지점까지를 연결한 선(= 수입측면)

③ **최소요구치**: 상점이 유지되기 위한 최소한의 수요 요구 규모(= 비용측면)

④ 최소요구범위: 정상이윤을 얻는 만큼의 거리(= 본전)

⑤ 재화의 도달범위 > 최소요구치: 재화의 도달범위가 더 커야 중심지가 유지된다.

구분	고차 중심지	저차 중심지
예시	백화점	편의점
규모	크다	작다
중심지 간의 거리	멀다	가깝다
중심지 수	적다	많다
구매빈도	적다	많다

3) 고차중심지 vs 저차중심지

① 고차중심지 = 백화점

② 저차중심지 = 편의점

02 레일리의 소매인력법칙

(1) 소매인력법칙

1) 도시, 점포의 힘(영향력)을 측정하는 모형

2) 뉴턴의 만유인력법칙을 이용(소매중력법칙이라고도 부른다)

3) <u>도시 영향력의 크기</u> = $\dfrac{인구}{거리^2}$ (비례) (반비례)

4) 도시의 영향력의 크기는 두 중심지의 크기에 비례하고 거리의 제곱에 반비례한다.

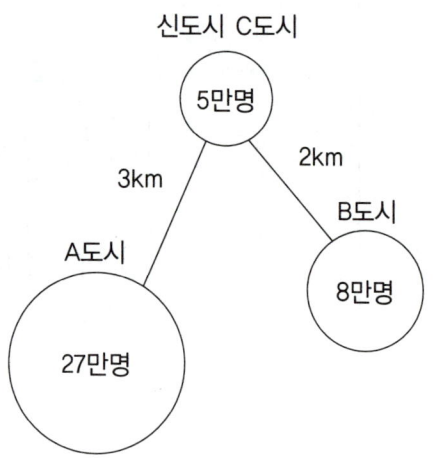

03 컨버스의 분기점모형

(1) 분기점모형

1) 경쟁관계에 있는 두 소매시장 간 상권의 **경계지점**을 확인할 수 있도록 **소매중력모형을 수정**하였다.

2) 두 도시의 영향력이 같아지는 지점(= 경계지점)을 찾는 모형

3) 분기점은 크기가 작은 도시에 더 가깝게 형성된다.

4) **컨버스 계산 문제**

① 전체 거리의 절반을 기준으로, 큰 도시에선 멀어야 하고, 작은 도시에선 가까워야 정답이 될 수 있다.

② 남은 선지들을 문제의 조건에 대입해서 풀기

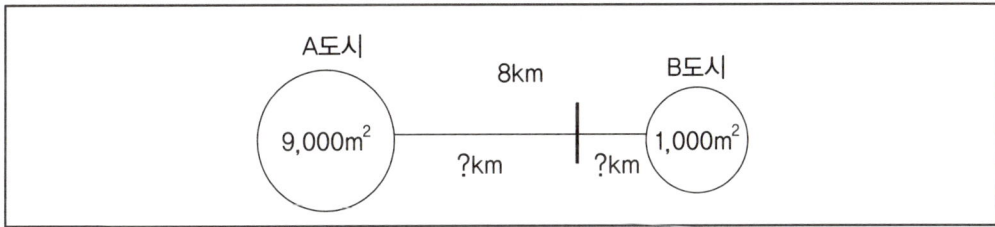

04 허프의 확률모형

(1) 확률모형

1) 허프(D. Huff)는 소비자가 특정 점포를 이용할 **확률**은 소비자와 점포와의 거리, **경쟁점포의 수**와 면적에 의해서 결정된다고 보았다.

2) 레일리의 소매인력법칙을 수정·보완하여 상권의 규모 또는 매장의 매출액을 추정할 수 있다.

3) 도시 영향력의 크기 = $\dfrac{면적}{거리^{공간마찰계수}}$

4) 모형의 공간(거리)마찰계수는 시장의 교통조건과 쇼핑 물건의 특성에 따라 달라지는 값이다. (공간마찰계수 = 마찰 = 거리에 대한 거부감이 곧 마찰)

① **교통조건이 나쁠수록 공간마찰계수가 커진다.**

② **전문품점보다 일상용품점이 공간마찰계수가 크다.**
(똑같이 멀리 가야 한다면, 계란 사러 멀리 가는 게 거부감 크다)

5) 모형을 적용하기 전에 **공간마찰계수가 먼저 정해져야 한다.**

6) 고정된 상권을 놓고 경쟁함으로써 제로섬게임이 된다는 한계가 있다.

05 레일리, 허프 계산문제

(1) 레일리, 허프 계산 순서

1) 문제의 상황을 그림으로 표현
2) 도시의 힘 공식에 대입(**레일리는 무조건 거리로 두 번씩 나눈다**)
3) C도시의 인구 × $\dfrac{\text{A도시의 힘}}{\text{전체도시의 힘}}$

[33회] 레일리의 소매중력모형에 따라 C신도시의 소비자가 A도시와 B도시에서 소비하는 월 추정소비액은 각각 얼마인가?

- A도시 인구: 50,000명, B도시 인구: 32,000명
- C신도시: A도시와 B도시 사이에 위치
- A도시와 C신도시 간의 거리: 5km
- B도시와 C신도시 간의 거리: 2km
- C신도시 소비자의 잠재 월 추정소비액: 10억원

[풀이]

① (그림: C신도시 10억원, A도시 5만명까지 5km, B도시 3만 2천명까지 2km)

② A도시의 힘 = 50,000 ÷ 5 ÷ 5 = 2,000   B도시의 힘 = 32,000 ÷ 2 ÷ 2 = 8,000

③ C도시의 인구(소비액) × $\dfrac{\text{A도시의 힘}(2,000)}{\text{전체 힘}(2,000+8,000)}$ = 10억 × $\dfrac{2,000}{10,000}$ = 2억원

④ 답: C도시에서 A도시로 2억원을 소비, B도시로 8억원을 소비한다.

06 그 외 입지론의 학자들

(1) 넬슨의 소매입지이론

   1) 특정 점포가 **최대 이익을 얻을 수 있는 매출액**을 확보하기 위해서는 어떤 장소에 입지하여야 하는지를 제시하였다.

   2) 소매상점의 입지원칙을 8가지로 제시

(2) 베버의 최소비용이론

   1) 베버(A. Weber)는 **운송비·노동비·집적이익**을 고려하여 **비용이 최소화**되는 지점이 공장의 최적입지가 된다고 보았다.

   2) 운송비·노동비·집적이익 중에서도 특히 운송비를 강조

   3) **최소운송비** 지점으로부터 기업이 입지를 바꿀 경우, 이에 따른 추가적인 **운송비**의 부담액이 동일한 지점을 연결한 것이 **등비용선**이다.

   4) 운송비의 관점에서 특정 공장이 원료지향적인지 또는 시장지향적인지를 판단하기 위해 '**원료지수**(MI : material index)' 개념을 사용한다.
   (원료 중량이 제품중량보다 크다 = **원료지수**가 1보다 **크다** = **원료지향적** 입지)

(3) 뢰쉬의 최대수요이론

   1) 뢰시(A. Lösch)는 **수요측면**의 입장에서 기업은 **시장확대 가능성**이 가장 높은 지점에 위치해야 한다고 보았다.

(4) 점포의 종류와 입지

   1) **집심성점포** : 중심지에 입지 예 **백화점, 고급음식점, 귀금속점**

   2) **집재성점포** : 유사 업종끼리 모여서 입지 예 가구점

   3) **산재성점포** : 유사 업종끼리 분산해서 입지 예 **잡화점, 세탁소**

   4) 편의품점 : 생활필수품을 판매, 주로 저차중심지에 입지

   5) 선매품점 : 고객이 상품을 여러 상점과 비교하여 구매

   6) 전문품점 : 고객이 특수한 매력을 찾으려 하며 구매를 위한 노력을 아끼지 않음. 주로 고차중심지에 입지

박문각 공인중개사

제1장 정부의 시장개입
제2장 토지정책
제3장 주택정책
제4장 조세정책
제5장 정부의 시장개입 유형

PART

04

부동산 정책론

PART 04 부동산 정책론

제1장 정부의 시장개입

01 부동산 문제와 정부의 시장개입

(1) 부동산 문제
1) 공급이 부족해서 토지 가격이 상승하거나, 주택 가격이 상승하는 등의 부동산 문제가 발생함
2) 이러한 부동산 문제들은 시장에서 자연적으로 해결되지 않는 경우가 많음
3) 이를 해결하려 정부가 시장에 개입하기도 함

(2) **정부의 시장개입**
1) **정부가 부동산시장에 개입하는 이유에는 시장실패의 보완, 부동산시장의 안정 등이 있다.**
2) 시장실패: 시장에서 적당한 가격이나 양이 형성되지 않은 상태
3) 정부는 주거생활을 보장하기 위해 **최저주거기준**을 정해두고 **있다.**
4) 부동산**정책은 소득재분배** 효과를 기대할 수 있다.
5) **정부의 시장개입은** 정부가 의도하지 않은 부작용이 나타나는 등 실패할 가능성도 있다.
   (= **사회적 후생손실을 발생시킬 수 있다**)

(3) **시장실패의 원인**
1) **불완전경쟁시장**: 소수의 시장참여자로 인해 독과점이 발생하면 가격형성이 왜곡될 수 있다.
   → 시장실패
2) 규모의 경제: 생산규모가 커지면 생산비가 절감된다는 이론. 대기업만이 대량생산으로 생산비를 절감할 수 있으므로 소수의 대기업이 독과점으로 가격형성을 왜곡 → 시장실패
3) **정보의 비대칭성**: 부동산시장은 불완전경쟁시장이기 때문에 부동산에 대한 숨겨진 정보가 존재하고 이는 가격형성의 왜곡을 초래할 수 있음 → 시장실패
4) **공공재**: 시장에 맡겨두면 **지나치게 적게 생산**되기 때문에 시장실패
5) **외부효과**: 정(+)의 외부효과는 **지나치게 적게**, 부(−)의 외부효과는 **지나치게 많이** 생산되기 때문에 시장실패

(4) **공공재**

1) 공공재란?

① 어떤 한 사람이 생산하면, 모두가 사용할 수 있는 재화 또는 서비스
예 공원, 잘 보전된 산림, 한산한 국도 등

2) 공공재의 특성

① **비경합성**: 공공재를 사용하기 위해 경쟁하지 않아도 됨. 공동소비 가능

② **비배제성**: 공공재를 사용하는데 있어서 이용 제한이 없음. 비용을 부담하지 않은 사람도 누구나 소비할 수 있음

③ **무임승차 문제**: 비배제성으로 인해 누구나 이용은 하지만, 생산비는 부담하지 않으려는 현상 → 과소생산으로 이어지므로 시장실패

④ **과소생산**: 사회에 적정량이 필요하지만, 생산을 시장기구에 맡기면 **지나치게 적게 생산**되는 경향이 있다. → 좋은 재화지만 너무 적게 생산돼서 시장실패

(5) **외부효과**

1) 외부효과란?

① 어떤 경제주체의 생산 또는 소비활동이 **제3자에게**

② **의도하지 않은** 혜택이나 손해를 미치면서도

③ 이에 대한 **대가를 받지도 지불하지도 않은 상태**

2) **정(+)의 외부효과(= 외부경제)**

① 주변에 의도치 않게 좋은 영향을 미치는 현상 예 공원

② **과소생산**: 정(+)의 외부효과를 주는 재화의 생산을 시장기구에 맡기면 **지나치게 적게 생산**되는 경향이 있다. → 좋지만 너무 적게 생산돼서 시장실패

③ 주변에 좋은 영향을 주기 때문에 사회적으로 얻는 편익이 커진다. (긍정적)

④ **사회적 편익은 크고**, 사회적 비용은 작다. (사회를 긍정적으로)

⑤ 과소생산 → 생산 증가 → 적정 생산량
보조금 지급 → 생산 증가 → 효율적 자원 배분
(세제 혜택)

⑥ 핌피현상(PIMFY): 제발(Please) 우리 집 앞마당에 놔주세요!

3) 부(−)의 외부효과(외부불경제)

① 주변에 의도치 않게 나쁜 영향을 미치는 현상 예 공장의 매연, 폐수

② **과다생산**: 세상엔 이기적인 사람들이 많기 때문에 부(−)의 외부효과는 **지나치게 많이 생산된다.** → 나쁜 효과가 너무 많이 생산돼서 시장실패

③ 공장의 매연, 폐수로 주민들이 피해를 받기 때문에 사회적 편익은 감소한다.

④ 공장의 매연과 폐수를 지역 사회에서 정화하기 때문에 **사회적 비용은 커진다.**

⑤ 과다생산 → 생산 감소 → 적정 생산량
　부담금부과 → 생산 감소 → 효율적 자원 배분
　(세금 부과)

⑥ 님비현상(NIMBY): 우리 집 근처에는 안 돼! No!

4) **외부효과의 출제 포인트**

① 생산
② 편익, 비용
③ 혜택 / 규제
④ 지역이기주의 현상

제 2 장　토지정책

01　용도지역지구제

(1) 목적

1) 용도지역·지구제는 토지이용계획의 내용을 구현하는 법적·행정적 수단 중 하나다.

2) **토지이용규제(용도지역지구제)**를 통해, 토지이용에 수반되는 **부(−)의 외부효과를 제거 또는 감소**시킬 수 있다.

3) 사회적 후생손실 완화, 공공복리 증진 도모 → 정책 목적으로 무조건 맞다.

(2) **용도지역, 용도지구**

1) **도시**지역, **관리**지역, **농림**지역, **자연환경보전**지역이 있다. (**도관농자**)

2) **도시**지역은 **주**거지역, **상**업지역, **공**업지역, **녹**지지역으로 나뉜다. (**주상공녹**)

3) **용도지역**은 한 토지에 **중복**하여 지정할 수 **없다**.
4) **용도지구**는 **중복**하여 지정할 수 **있다**.

02 개발권양도제

1) 개발이 제한되는 지역의 토지소유권에서 개발권을 분리하여 개발이 필요한 다른 지역에 **개발권을 양도**할 수 있도록 하는 제도이다.
2) 개발제한으로 인해 규제되는 보전지역에서 발생하는 토지소유자의 손실을 보전하기 위한 제도이다. (손실보상책)
3) 규제지역 토지소유자의 재산상의 손실을 시장을 통해서 해결하려는 제도이다.
4) 공공이 부담해야 하는 비용을 절감하면서 규제에 따른 손실의 보전이 이루어진다는 점에 의의가 있다.
5) 현재 우리나라에서 실시하지 않는 제도이다.

03 토지비축제도(= 토지은행제도, = 공공토지 비축에 관한 법률)

1) 정부가 토지를 매입한 후 보유하고 있다가 적절한 때에 이를 매각하거나 공공용으로 사용하는 제도를 말한다.
2) **공익사업용지의 원활한 공급**과 **토지시장의 안정에 기여**하는 것을 목적으로 한다.
3) 사적 토지소유의 편중현상으로 인해 발생 가능한 토지보상비 등의 **고비용 문제를 완화**시킬 수 있다.
4) 비축토지는 각 지방자치단체에서 직접 관리하는 것이 아니라 **한국토지주택공사**에서 별도의 토지은행계정을 통해 **관리**한다.
5) 적절한 투기방지대책 없이 대량으로 토지를 매입할 경우 지가상승을 유발할 수 있다.
6) 정부가 **직접**적으로 부동산시장에 **개입**하는 정책수단이다.

04 선매(우선 매수)

1) 국토의 계획 및 이용에 관한 법령에 따라 국가 등이 토지거래계약허가를 받아 취득한 토지를 그 이용목적대로 이용하고 있지 아니한 토지에 대해서 **우선 매수**하는 제도이다.
2) 강제로 수용× / 우선 매수 ○
3) 한국토지주택공사만 매수할 수 있는 것이 아님. '국가 등'이면 매수 가능

05 토지적성평가제도(개발과 보전)

1) 토지에 대한 **개발과 보전**의 경합이 발생했을 때 이를 합리적으로 조정하는 수단이다.
2) 개별토지가 갖는 환경적, 사회적 가치를 평가하여 도시군계획에 판단 근거를 제공한다.
3) 토지적성평가에는 토지의 토양, 입지, 활용가능성 등 토지의 적성에 대한 내용이 포함되어야 한다.
4) 평가업무는 한국토지주택공사가 수행

06 토지공개념 3법(택지소유상한제, 토지초과이득세, 개발이익환수제)

(1) 택지소유상한제
  1) **택지**를 **소유**할 수 있는 면적에 **상한**선을 두는 제도였으나,
  2) 폐지되어 현재 우리나라에서 시행하지 않는 제도

(2) 토지초과이득세제(토초세)
  1) 보유한 **토지**의 가격이 상승하면서 발생하는 **초과이득**의 일부를 **세금**으로 거둬들이는 제도였지만,
  2) 토지를 팔지 않아서 실현되지 않은 이익인데 미리 세금으로 거둬들이는 것은 불합리하다는 지적이 나오고
  3) 폐지되어 현재 우리나라에서 시행하지 않는 제도

(3) 개발이익환수제(= 개발부담금)
  1) 개발부담금제는 개발사업의 시행으로 이익을 얻은 사업 시행자로부터 개발이익의 일정액을 환수하는 제도이다.
  2) 개발이익은 개발사업의 시행에 의해 정상지가 상승분을 초과해 개발사업을 시행하는 자에게 귀속되는 사업이윤의 증가분이다.
  3) **재건축부담금**은 정비사업 중 **재건축사업**에서 발생되는 **초과이익**을 **환수**하기 위한 제도로 **재건축초과이익환수**에 관한 법률에 의해 시행되고 있다.
  (재건축 환수는 시행중)
  4) 개발이익환수제, 개발부담금제도, 재건축 환수 - 시행중

5) **재개발 환수는 우리나라에서 시행하지 않는 제도**
   (정부 주도로 개발이익이 정부에 들어가니까 환수할 필요가 없다고 생각하기)

6) **개발부담금제도는** 부담금의 형태로 개발이익을 거둬들이는 **규제정책**이다.
   (개발권양도제 - 손실보상책 vs 개발부담금 - 규제정책)

07 현재 우리나라에서 시행하지 않는 정책

(1) 개발권양도제

(2) 택지소유상한제

(3) 토지초과이득세

(4) 재개발사업 환수

(5) 공한지세

(6) 종합토지세

08 그 외 토지정책

(1) 지구단위계획 : '**일부**에 대하여, **미관**, 도시 · 군**관리계획**' 키워드 확인

(2) 전용주거지역, 일반주거지역 : 전양 일편(전용 - 양호한, 일반 - 편리한)

(3) **토지거래계약에 관한 허가구역** : '투기적인 거래가 성행'

(4) 도시 · 군기본계획, 도시 · 군관리계획 : '기본적인'은 기본계획

제3장 주택정책

01 임대료 규제(규제는 공급감소, 장기일수록 악화)

(1) 목적

1) 저소득 임차인의 주거비 부담을 덜어주기 위해

2) 주택 임대인이 일정 수준 이상의 임대료를 임차인에게 부담시킬 수 없도록 하는 제도다. (최고가격제, 임대료상한제)

3) 따라서 균형임대료보다 '낮게 규제'해야 정책 효과가 있고,

4) 규제임대료가 균형임대료보다 높게 설정되면 아무 일도 발생하지 않는다.

(2) 초과수요

1) 임대료(가격)가 하락했기 때문에 수요는 증가, **공급은 감소** → 초과수요 발생

2) 시간이 지날수록(장기) 초과수요가 심화된다.

3) 단기적 관점

① 단기적으로는 공급이 비탄력적이기 때문에 공급량이 변하지 않는다.

② 따라서 단기적으로는 임대료 규제의 목적 달성 효과가 달성된다.

4) 장기적 관점

① 하지만 장기적으로는 공급이 탄력적이기 때문에 규제로 인해 **공급이 감소**할 수 있다.

② 공급이 감소하면 초과수요가 심화된다.

③ 초과수요의 심화로 목적 달성 효과는 사라지고, 각종 부작용이 발생한다.

(3) 효과

1) 규제 뒤에는 부정적인 설명들이 따라온다. (공급감소, 각종 부작용 등)

2) 임대료(가격)가 하락했기 때문에 초과수요 발생(초과공급 ×)

3) 시장의 **균형임대료보다 낮은 임대료 규제**는 임대부동산의 **공급 축소와 질적 저하**를 가져올 수 있다.

4) 임대료 규제는 기존 임차인들의 주거이동을 저하시킬 수 있다.

5) 임대료 규제는 임대료에 대한 이중가격, 암시장을 형성시킬 우려가 있다.

02 임대료 보조(보조는 공급증가)

(1) 목적 및 효과

1) 저소득층에게 정부가 임대료의 일부를 보조해 주는 것을 말한다.
2) 보조 뒤에는 긍정적인 설명들이 따라온다. (공급증가, 실질소득 향상 등)
3) 임대료 보조금 지급은 저소득층의 **주거 여건 개선**에 기여할 수 있다.
4) 임대료 보조정책은 저소득층의 **실질소득 향상**에 기여할 수 있다.
5) 실질소득이 상승한 것과 같으므로, 저소득층의 임대주택 소비(수요)가 늘어난다.
6) 단기적 관점

    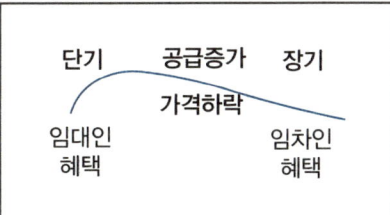

    ① 단기적으로는 공급이 비탄력적이기 때문에 임대주택의 소비가 늘어나더라도 임대주택의 공급량이 증가하지 않는다. (단기 공급량 고정)
    ② 수요는 증가하는데 공급은 그대로이므로 임대료가 상승한다.
    ③ 임차인에게 임대료를 보조해줬지만 단기적으로 임대료가 상승해 보조의 혜택이 임대인에게 돌아간다.

7) 장기적 관점
    ① 장기적으로는 공급이 탄력적이다. 임대료(가격)가 상승했기 때문에 공급이 증가한다.
    ② 공급이 증가하면 임대료(가격)가 하락한다.
    ③ 장기적으로는 임대료를 낮추게 되면서 임대료 보조의 혜택이 임차인에게 돌아간다.

(2) 보조의 방법

1) 임대료 보조는 생산자를 보조하는 방식과 소비자에게 보조하는 방식으로 나눌 수 있다.
2) 생산자 보조 - 공공임대주택 - 임차인이 주거지를 자유롭게 선택할 수 없다는 것이 단점이다.
3) 소비자 보조 - 주택바우처, 주거급여 등 - 임차인의 주거지 선택이 용이하다.
4) 주택바우처 : 임대료 보조를 교환권으로 지급하는 제도를 말하며, 우리나라에서는 일부 지방자치단체에서 운영되고 있다.
5) 주거급여 : 생활이 어려운 사람에게 주거안정에 필요한 임차료 등을 지급하는 것을 말한다.

03 공공임대주택

(1) 공공임대주택이란?

1) 공공주택사업자가 국가 또는 지방자치단체의 재정이나 주택도시기금을 지원 받아 건설, 매입 또는 임차하여 공급하는 주택을 말한다.

2) 공공부문이 시장임대료보다 낮은 수준의 임대주택을 공급하는 것이다.

3) 공공임대주택 정책은 입주자가 **주거지를 자유롭게 선택할 수 없다는 것이 단점**이다.

(2) 공공임대주택의 종류

1) "**영구**임대주택"은 국가나 지방자치단체의 재정을 지원받아 최저소득 계층의 주거안정을 위하여 50년 이상 또는 영구적인 임대를 목적으로 공급하는 공공임대주택을 말한다.

2) "**국민**임대주택"은 국가나 지방자치단체의 재정이나 주택도시기금의 자금을 지원받아 저소득 서민의 주거안정을 위하여 30년 이상 장기간 임대를 목적으로 공급하는 공공임대주택을 말한다.

3) "**행복**주택"은 국가나 지방자치단체의 재정이나 주택도시기금의 자금을 지원받아 대학생, 사회초년생, 신혼부부 등 **젊은** 층의 주거안정을 목적으로 공급하는 공공임대주택을 말한다.

4) "**통합**공공임대주택"은 국가나 지방자치단체의 재정이나 주택도시기금의 자금을 지원받아 **최저소득** 계층, **저소득** 서민, **젊은 층** 및 장애인, 국가유공자 등 사회 취약계층 등의 주거안정을 목적으로 공급하는 공공임대주택을 말한다.

5) "**장기전세**주택"이란 국가, 지방자치단체, 한국토지주택공사 또는 지방공사가 임대할 목적으로 건설 또는 매입하는 주택으로서 **20년의 범위에서 전세계약의 방식으로** 공급하는 임대주택을 말한다.

6) "**분양전환**공공임대주택"은 일정 기간 임대 후 **분양전환** 할 목적으로 공급하는 공공임대주택을 말한다.

7) "**기존주택**전세임대주택"은 국가나 지방자치단체의 재정이나 주택도시기금의 자금을 지원받아 **기존주택**을 임차하여 「국민기초생활 보장법」에 따른 수급자 등 저소득층과 청년 및 신혼부부 등에게 **전대(轉貸)**하는 공공임대주택을 말한다.

8) "기존주택등**매입**임대주택"은 국가나 지방자치단체의 재정이나 주택도시기금을 지원받아 주택 또는 건축물을 **매입하여** 「국민기초생활 보장법」에 따른 수급자 등 저소득층과 청년 및 신혼부부 등에게 공급하는 공공임대주택을 말한다.

(3) 민간임대주택의 종류

1) '민간매입임대주택'은 민간임대주택에 관한 특별법에 따른 임대사업자가 매매 등으로 소유권을 취득하여 임대하는 민간임대주택을 말한다.

2) '공공지원민간임대주택'은 임대사업자가 주택도시기금의 출자, 용적률의 완화 등 공공지원을 받아 건설·매입하는 민간임대주택을 10년 이상 임대할 목적으로 취득하여 임대하는 민간임대주택을 말한다.

04 분양가상한제(규제정책)

(1) 목적

1) 도입배경은 **주택가격을 안정**시키고, **무주택자의 신규주택구입 부담을 경감**시키기 위해서이다.

2) 신규분양주택의 분양가격을 정부가 통제하는 것이다. (최고가격제)

3) 분양가상한제는 임대료 **규제**와 같고, 차이점만 몇 가지 따로 공부한다. (부정적)

4) 상한가격을 시장가격 이하로 설정해야 효과가 있다.

5) 분양가격이 하락했기 때문에 초과수요 발생(초과공급 ×)

6) 시간이 갈수록(= 장기일수록, 탄력적일수록) 초과수요는 점점 더 커진다.

7) **규제**정책이므로 **공급감소** 현상과 **질이 하락**하는 문제점이 나타날 수 있다.

8) 장기적으로 **공급을 위축**시킴으로써 기존 주택가격을 상승시킬 수 있다.

9) (기존주택과 분양가상한제 적용주택의 가격 차이로 인해) 분양주택에 대한 프리미엄이 형성되면 분양권을 불법으로 전매하는 등의 현상이 나타날 수 있다.

10) 주택법령상 분양가상한제 적용주택 및 그 주택의 입주자로 선정된 지위에 대하여 **전매를 제한할 수 있다.**

11) 주택법령상 분양가상한제 적용주택의 분양가격은 **택지비와 건축비**로 구성된다.

12) 공공사업 - 분양가상한제 의무적용
    민간사업 - 분양가상한제 일부적용

13) **도시형 생활주택에는 분양가상한제를 적용하지 않는다.**

05 선분양 & 후분양

(1) **선분양제도**

1) 돈이 먼저 들어오는 제도(**공급자 중심**의 제도)

2) **준공 전 분양대금의 유입**으로 사업자의 초기 자금부담을 완화할 수 있다.

3) 공급자의 주택건설 자금조달이 용이하기 때문에 주택 공급이 증가할 수 있다는 장점이 있지만,

4) 소비자들은 견본주택만 보고 투자판단을 해야 한다는 단점과

5) 부실시공 가능성이 있다는 단점이 있다.

6) 또한 분양권 전매를 통하여 가수요를 창출하여 부동산시장의 불안을 야기할 수 있다.

(2) **후분양제도**

1) 돈이 건설 후에 들어오는 제도(**소비자 중심**의 제도)

2) 주택을 일정 절차에 따라 건설한 후에 분양하는 방식이다.

3) 건설업체가 직접 조달해야 하는 자금이 더 많기 때문에 개발업자의 사업부담이 커진다.

4) 따라서 주택공급을 감소시켜 주택시장을 위축시킬 수 있다는 단점이 있지만,

5) 소비자 측면에서 완제품을 보고 투자를 결정할 수 있다는 장점과

6) 공급자의 부실시공 및 품질 저하에 대처할 수 있다는 장점이 있다.

제4장 조세정책

01 조세의 기능과 유형

(1) 조세의 기능

1) **소득재분배** → 정책의 기능으로 무조건 맞다.
2) 지가 안정
3) 토지이용을 특정 방향으로 유도하기 위해 정부가 토지 보유세를 부과할 때에는 **토지용도에 따라 다른 세금**을 부과한다.

(2) <u>조세의 유형</u>

1) 대표적인 조세 4가지 위주로 공부(취득세, 재산세, 종합부동산세, 양도소득세)
    ① 취득세: 취득할 때 내는 세금
    ② 재산세: 보유한 재산에 따라 내는 세금
    ③ 종합부동산세: 보유한 부동산에 따라 내는 세금
    ④ 양도소득세: 양도(처분)할 때 내는 세금

2) **취득세, 재산세는 지방세**이고, **종합부동산세와 양도소득세는 국세**이다.

취득단계	보유단계	처분단계
취득세 (등록면허세)	재산세 종합부동산세	양도소득세

① 재산세와 종합부동산세의 과세기준일은 6월 1일이다.

3) **증여세**와 **상속세**는 **국세**이면서 **취득단계**에 부과하는 세금이다.

♦ 암기코드 **국취중상**

(3) **동결효과**

1) **양도소득세가 중과되면 매각을 뒤로 미루려고 하는 경향이 있는데 이를 동결효과(lock-in effect)라고 한다.**
2) 양도소득세 중과 → **동결효과** → **공급 감소** → **가격 상승**

(4) 조세의 전가와 귀착

1) 조세의 전가란 납세의무자에게 부담된 조세가 납세의무자의 부담이 되지 않고 다른 사람에게 이전되는 것을 말한다. (조세를 떠넘기는 것)

2) 조세의 사실상 부담이 최종적으로 어떤 사람에게 귀속되는 것을 조세의 귀착이라 한다.

3) 모든 **조세는 전가될 수 있다.** (취득세, 재산세, 종합부동산세, 양도소득세 등)

4) 조세는 전가로 인해 결국은 둘 다 부담하기 때문에 '누구에게 부과되었느냐'가 중요한 것이 아니라, '누가 더 많이 부담하는가?'가 중요하다.

5) 조세는 **비탄력적**인 쪽이 **더 많이** 부담한다.
   (세금부담, 조세부담을 물으면 비가더)
   ① 토지공급의 가격탄력성이 '0'인 경우, 부동산 조세 부과 시 토지소유자가 전부 부담하게 된다. (완전비탄력적이면 모두 부담)
   ② 공공임대주택의 공급확대는 임대주택의 재산세가 임차인에게 전가되는 현상을 완화시킬 수 있다. (임차인의 선택지가 많아지니까 탄력적으로 바뀜)

(5) **조세부과의 효과**

1) 조세는 전가되기 때문에 누구에게 부과하던 **수요자와 공급자 모두 부담**한다.
   (누가 더 많이 부담하냐의 차이만 있을 뿐)

2) 따라서 **세금이 부과되면 수요량과 공급량은 모두 감소**한다.

3) 수요량, 공급량 모두 감소 = 거래량 감소 = 경제적 순손실 발생

4) **손**실은 **탄**력성에 **비**례한다. (**손탄비**)
   → 시장의 탄력성이 클수록 경제적 순손실도 커진다.
   ① 토지 시장에서 토지 공급이 완전비탄력적이라면, 조세 부과에 따른 경제적 순손실이 없다.
   ② **헨리 조지의 토지단일세**: 토지에서 발생하는 지대수입을 100% 징세할 경우, 토지세 수입만으로 재정을 충당할 수 있기 때문에 **토지세 이외의 모든 조세는 철폐**하자고 주장했다.
   (토지는 완전비탄력적이기 때문에 조세 부과에 따른 경제적 순손실이 없으므로 토지에만 세금을 부과하자)

제5장 정부의 시장개입 유형

01 직접개입 vs 간접개입 vs 토지이용규제

직접개입	간접개입
토지비축제도	부담금 제도
선매제도	보조금 제도
도시재개발사업	각종 금융지원
공영개발사업 (토지수용)	조세제도
환지사업	대출규제 (LTV, DTI, DSR)
공공임대주택	가격공시제도

❶ 암기코드 금금금세 대출공시

[심화]
가격통제(임대료상한제, 분양가상한제) - 직접개입
지역지구제, 토지거래허가제 - 토지이용규제

박문각 공인중개사

제1장 부동산 투자의 위험과 장점
제2장 지렛대효과(= 레버리지효과)
제3장 부동산 투자 수익률과 위험처리
제4장 포트폴리오 이론
제5장 화폐의 시간가치
제6장 영업현금흐름
제7장 비할인법
제8장 할인현금흐름분석법(DCF)

PART

05

부동산 투자론

PART 05 부동산 투자론

제1장 부동산 투자의 위험과 장점

01 부동산 투자의 위험

(1) 부동산 투자란?

　1) 장래의 불확실한 수익을 위해 현재의 소비를 희생하는 것

　2) 부동산 투자는 불확실성이 크다.

(2) 부동산 투자의 위험

　1) 불확실성 = 예상 결과로부터 벗어날 가능성 = **변동성** = **위험**

　2) 예측 가능한 것이 위험이 낮고, 예측이 불확실할수록 위험이 크다.
　　(예상수익률과 실제수익률을 비교했을 때, 실제수익률이 예상보다 더 높더라도 예측이 빗나갔기 때문에 위험이 크다)

　3) 부동산 투자 위험의 유형

　　① **사업상의 위험**: 부동산 **사업** 자체로부터 오는 위험(**수익성** 저하)

　　② **금융적 위험**: **부채**를 이용하면서 오는 위험(채무불이행, 금리상승 등)

　　　→ 부채를 많이 빌리면 금융적 위험 커진다. 부채를 이용하지 않으면 금융위험을 제거할 수 있다.

　　③ 법적 위험: 부동산은 법의 영향을 많이 받는다.

　　④ <u>유동성 위험</u>: 부동산은 단기간에 <u>현금화</u>가 어렵다.

　　⑤ 인플레위험: 인플레이션(물가 상승)으로 화폐 가치가 하락하는 위험

　　　→ **부동산 투자로** 화폐를 보유하는 대신, 부동산을 보유하고 있으면 **인플레이션 위험을 방어(헷지)**할 수 있다.

(3) 부동산 투자의 장점
  1) 부동산은 **인플레이션** 상황에서 화폐가치 하락에 대한 **방어**수단으로 이용될 수 있다.
  2) 부동산은 실물자산의 특성과 토지의 영속성으로 인해 가치 보존력이 양호한 편이다.
  3) 임대사업을 영위하는 법인은 건물에 대한 감가상각과 이자비용을 세금산정시 비용으로 인정받을 수 있다.
  4) 부동산투자자는 저당권과 전세제도 등을 통해 레버리지(부채)를 활용할 수 있다.

제2장 지렛대효과(= 레버리지효과)

01 지렛대효과(= 레버리지효과)

(1) 자산 = 부채 + 자본(**총 부 분**)
  1) 자산 = **총**자본 = **총**투자액(같은 뜻)
  2) **부채** = 타인자본 = 저당
  3) 자본 = 자기자본 = **지분**투자액

(2) 레버리지효과란?
  1) 작은 힘으로 바위도 옮길 수 있을 만큼의 큰 효과를 낼 수 있도록 도와주는 것이 지렛대의 원리이다.
  2) 부동산 투자에서 적은 자기자본으로 큰 수익을 낼 수 있도록 도와주는 것이 레버리지를 이용하는 것이다. (레버리지 = 부채를 사용)
  3) 레버리지효과는 은행의 돈을 빌리는 것이기 때문에 부동산 투자로 발생한 총수익을 은행에 일정부분 갚아야 한다. (이자)
  4) 부채비율이 높으면(= 돈을 많이 빌리면) 레버리지효과는 커진다.
  5) 부채비율이 높으면 위험은 커진다. (부채를 많이 사용하면 금융위험 커진다)
  6) 부동산투자자는 담보대출과 전세를 통해 레버리지를 활용할 수 있다.

(3) 정(+)의 레버리지

　1) 지렛대효과는 저당수익률을 기준으로 판단한다.

　2) 은행이 적게 가져가면, 내가 많이 가져간다. (**저당수익률이 낮으면 좋다**) → 정(+)

　3) '저당수익률 < 총수익률 < 자기자본수익률'인 상황에는 **저당수익률이 낮으므로 정(+)의 레버리지**이다.

　4) 부채가 나에게 긍정적인 영향을 줌. 좋은 부채이므로 부채를 많이 쓰면 쓸수록 자기자본수익률 상승

(4) 부(−)의 레버리지

　1) 은행이 많이 가져가면, 내가 적게 가져간다. (**저당수익률이 높으면 안 좋다**) → 부(−)

　2) '저당수익률 > 총수익률 > 자기자본수익률'인 상황에는 **저당수익률이 높으므로 부(−)의 레버리지이다.**

　3) 부채가 나에게 부정적인 영향을 줌. **나쁜 부채**이므로 부채를 많이 쓰면 쓸수록 **자기자본수익률 하락**

　4) 부채비율의 변화로 정(+)에서 부(−)로 **전환은 불가능**하다. (반대도 마찬가지)

(5) **중립적 레버리지**

　1) '저당수익률 = 총수익률 = 자기자본수익률'인 상황은 중립적 레버리지

　2) 모든 수익률이 동일하고, 부채비율이 변해도 **수익률은 변하지 않는다.**

02 자기자본수익률(계산)

(1) 자기자본수익률 계산순서

1) 총 부 분 적기(세로로)

2) 문제의 조건을 총 부 분에 대입

　　총: (부동산가격 × 부동산가격 상승률) + 순영업이익
　− 부: 대출액 × 대출이자율
　= 분: 자기자본수익

3) 계산

[25회] 부동산투자에 따른 1년간 자기자본수익률은?

- 투자 부동산가격: 3억원
- 금융기관 대출: 2억원, 자기자본: 1억원
- 대출조건
  − 대출기간: 1년
  − 대출이자율: 연 6%
  − 대출기간 만료시 이자지급과 원금은 일시상환
- 1년간 순영업이익(NOI): 2천만원
- 1년간 부동산가격 상승률: 4%

[풀이]

　총: (30,000 × 4%) + 2,000 = 3,200
− 부: 20,000 × 6% = 1,200
= 분: 10,000　　　　　　　$\dfrac{2,000}{10,000} = 20\%$(자기자본수익률)

| 제 3 장 | **부동산 투자 수익률과 위험처리** |

01 **부동산 투자 수익률**

(1) 수익률의 종류

1) **기대수익률**(= 예상수익률 = 평균수익률, 투자안을 분석해서 나온 수익률)

① "경기가 좋을 때, 안 좋을 때를 고려해서 분석해보니 A투자안은 평균적으로 7% 정도 수익률이 나오겠다!"라고 **예상**한 **수익률 = 기대수익률**

② **기대수익률 계산: 경제상황별 확률 × 상황별 예상수익률**

기대수익률 = (호황일 확률 × 예상수익률) + (불황일 확률 × 예상수익률)

2) **요구수익률**(= 기회비용 = **최소**요구수익률, 투자자가 원하는 수익률)

① "부동산 투자를 할지 저축을 할지 고민인데, 저축을 하면 안정적으로 3%의 수익률이 보장되네? 그러면 부동산 투자는 위험하니까 **최소한 3%보다는 높아야** 투자하지!"라고 투자자가 **요구**하는 **최소한의 수익률 = 요구수익률**

② **요구수익률 = 무위험률 + 위험할증률**

위험할증률: 위험하면 위험할증률을 높인다.

무위험률(= 금리)의 상승은 투자자의 **요구수익률을 상승**시키는 요인이다.

(무위험률과 위험할증률은 요구수익률과 비례관계)

③ **위험과 수익**(기대수익률, 요구수익률)**은 비례관계**

3) **실현수익률**(= 실제수익률 = 사후수익률)

① 투자가 이루어진 후 **현실적으로 달성된** 수익률을 말한다.

(현실 뒤집으면 실현)

(2) **투자판단**

1) 난 최소한 3%의 수익률은 받아야겠어! (요구수익률)

A투자안은 7%의 수익률이 예상된다. (기대수익률)

예상되는 수익률이 3%보다 높으니까 투자해야겠다!

2) 부동산 투자안이 채택되기 위해서는 **기대수익률이 요구수익률보다 커야 한다.**

◆ 암기코드 기요

| 기 |
| 요 |

02 부동산 투자의 위험처리

(1) 부동산 투자의 위험처리 방법

1) **보수적 예측 방법**

① 보수적 예측 방법은 투자수익의 추계치(**기대수익률**)를 **하향** 조정함으로써, 미래에 발생할 수 있는 위험을 상당수 제거할 수 있다는 가정에 근거를 두고 있다.

2) **위험할증률 조정 방법**(= 위험조정할인율법)

① 위험조정할인율은 장래 기대되는 수익을 현재가치로 환원할 때 위험에 따라 조정된 할인율이다.

② 장래 기대되는 소득을 현재가치로 환산하는 경우, 위험한 투자일수록 높은 할인율을 적용한다. '할인율 = 요구수익률'로 이해

위험이 클수록 → 요구수익률 상향 조정 = 높은 할인율 적용

3) **민감도분석**

① 투자 효과를 분석하는 모형의 **투입요소가 변화**함에 따라, 그 결과치에 어떠한 영향을 주는가를 분석하는 기법이다.
= **민감도분석**을 통해 **투입요소의 변화**가 그 투자안의 순현재가치에 미치는 영향을 분석할 수 있다.

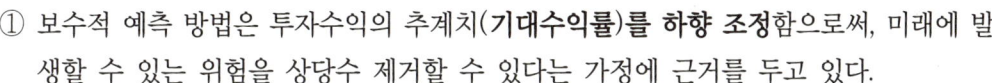

03 위험의 측정

(1) 기대수익률의 **분산과 표준편차**는 **위험을 측정**하는 전통적인 방법이다.
<u>(분산 = 표준편차 = 위험)</u>

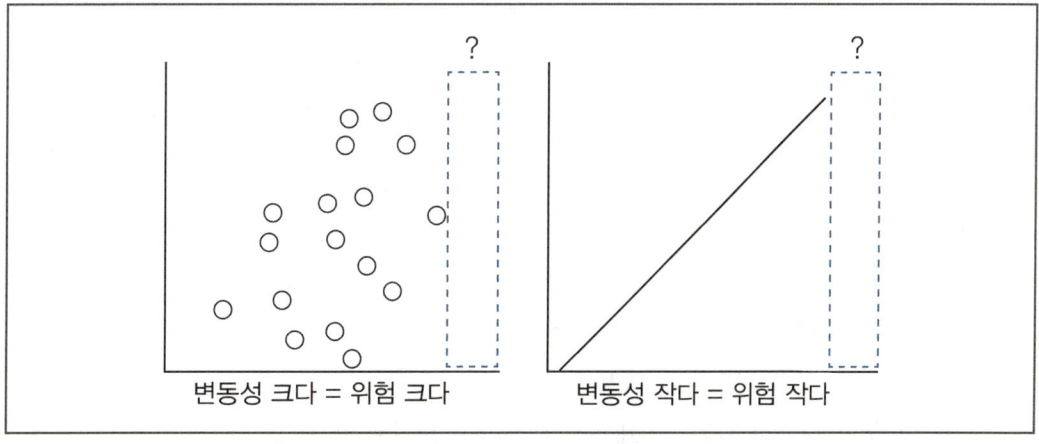

제4장 포트폴리오 이론

01 포트폴리오 이론

(1) 포트폴리오 이론이란?

1) "한 바구니에 모든 달걀을 담지 마라" → 분산투자 이론

① 여러 자산에 나누어 **분산투자하면 위험을 제거**할 수 있다.

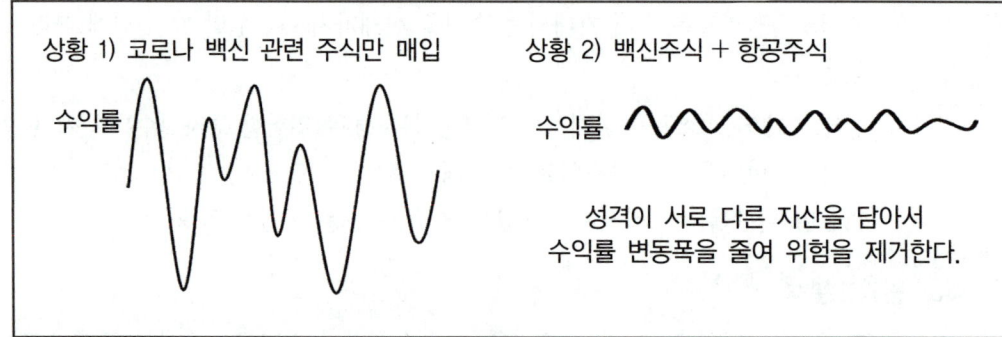

② 포트폴리오를 구성하는 자산의 수가 많을수록

＋

구성 자산의 성격이 서로 다를수록

＝ 위험 제거 효과가 커진다.

(2) 상관계수

1) 두 자산의 성격이 같은지, 다른지를 나타내는 계수(부정적인 계수로 생각)

2) 상관계수는 '−1 ～ +1'까지의 값을 가질 수 있음(작을수록 좋다)

① **상관계수 +1** → 완전히 같은 방향으로 움직임 → **위험 제거 효과 없음**

② 상관계수 0 → 상관관계 없음 → +1보다 작으니까 위험 제거 효과 있음

③ **상관계수 −1** → 완전히 반대 방향으로 움직임 → **위험 제거 효과 가장 크다.**

3) 상관계수는 +1이 기준이다. +1인 경우에만 위험제거 효과 없음!

(3) 위험의 종류

1) 총위험 ＝ 체계적 위험 ＋ 비체계적 위험
　　　　　　(시장 시스템)　(개별적 특성)

2) 포트폴리오를 구성해서 **비체계적 위험만을 제거할 수 있다.**

3) **체계적 위험**은 포트폴리오를 통해 **제거할 수 없다.** (= 피할 수 없다)
4) 체계적 위험의 예시 : 경기침체, 인플레이션 심화 등 시장상황의 변화로부터 오는 위험

02 위험에 대한 투자자의 태도

```
위험혐오형 → 위험이 커지면 더 높은 수익을 원함    ┌ 공격적 : 위험↑, 수익률↑
(=위험회피형)                                └ 보수적 : 위험↑, 수익률↑↑↑
```

(1) **위험혐오형(= 위험회피형)**

1) 공격적인 투자자 vs 보수적인 투자자

    ① 위험혐오형 투자자들은 위험이 증가할 때 요구수익률을 높인다.

    ② 또한, **위험을 회피할수록 요구수익률이 높아진다.**

    ③ 공격적인 투자자는 위험이 높더라도 기대수익률이 높은 투자안을 선호한다.

03 평균-분산 결정법

1) 여러 투자안들 중 효율적인 투자안을 골라내는 방법(평균과 분산을 비교)

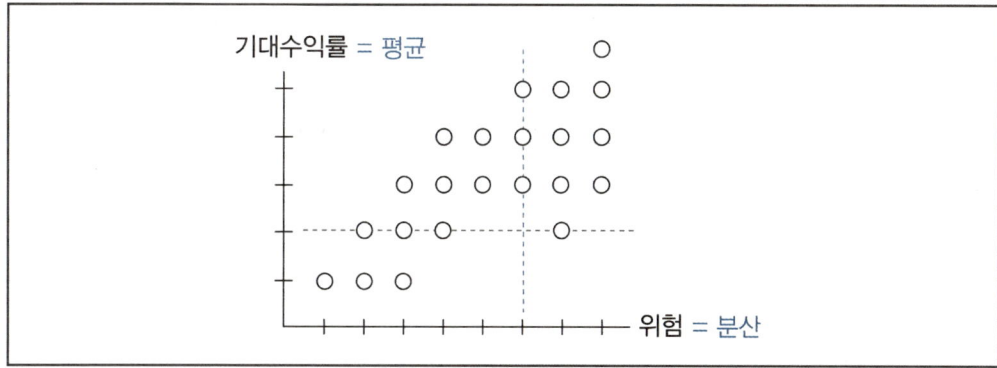

2) 여러 투자안을 비교할 때, 투자안의 **기대수익률이 같으면 분산은 작을수록 좋고, 분산이 같으면 기대수익률은 높을수록 좋다.**
3) 평균분산결정법으로 투자 선택을 할 수 없을 때 변동계수(변이계수)를 활용하여 투자안의 우위를 판단할 수 있다.
4) 변동계수 = 표준편차/기대수익률 = 변동계수는 위험과 같은 뜻
5) 위험회피형 투자자는 변동계수가 작은 투자안을 더 선호한다.

04 최적포트폴리오

(1) **효율적 프론티어**(efficient frontier)와 투자자의 **무차별 곡선**이 접하는 지점에서 **최적포트폴리오**가 결정된다.

1) <u>효율적 프런티어</u>

① 효율적 프런티어는 평균 - 분산 결정법을 통해 **동일한 위험에서 최고의 수익률**을 나타내는 투자대안을 <u>연결한 선</u>이다. (또는 <u>동일한 수익률에서 최저 위험</u>)

② 효율적 프런티어는 우상향하는 형태를 띤다.

③ 우상향한다는 것의 의미는 추가적인 위험을 감수하지 않으면 수익률을 증가시킬 수 없다. **(위험과 수익은 비례)**

2) **무차별곡선**

① 무차별곡선은 투자자에게 **동일한 효용**을 주는 수익과 위험의 조합을 나타낸 곡선이다.

② 투자자가 위험을 회피할수록 무차별곡선의 기울기는 급해진다.
(공격적인 투자자는 뛰어가는 사람 생각하고, 보수적인 투자자는 걸어가는 사람 생각)

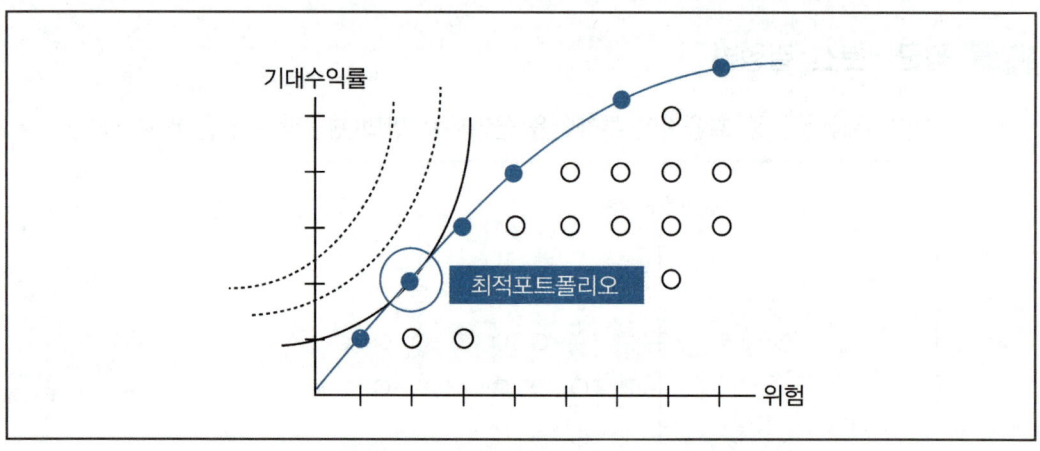

제 5 장　화폐의 시간가치

01　화폐의 시간가치

(1) 화폐의 시간가치를 고려한다는 것은 화폐가치를 맞춰주기 위해 현재에서 미래로 바꿔주거나, 미래에서 현재로 바꿔주는 작업을 하는 것이다.

1) 부동산 투자는 장기 투자이기 때문에 화폐의 시간가치를 고려해서 화폐가치를 맞춰줘야 수입과 지출을 제대로 비교할 수 있다.

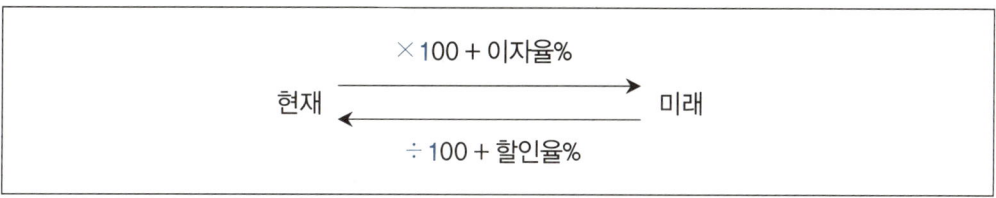

2) 현재에서 미래로 갈 땐 곱해주고, 미래에서 현재로 되돌아올 땐 나눠준다!!

① 상황 1) 1억을 10% 이자율로 1년 예금할 경우 1년 뒤의 금액은?
1억 × 110% = 1억 1천만원(원금 + 이자)
× 100% = 1억(원금)
× 10%　= 1천만원(이자)

② 상황 2) 위 상황에서 1년 뒤의 1억 1천만원을 다시 현재의 금액으로 바꾸려면? (미래에서 현재로 할인)
1억 1천만원 ÷ 110 = 1억 → **할인은 무조건 ÷1××%로 계산한다.** (÷××% **없음**)

③ 상황 3) 1억을 10% 이자율로 3년 예금할 경우 3년 뒤의 금액은?
1억 × 110% × 110% × 110% → **이자가 중복**되어 계산된다. → **복리**방식 사용
(**복리**방식을 사용한다. → 맞음, 단리방식을 사용한다. → 틀림)

02 화폐의 시간가치 계수(계수 → 곱하면 원하는 값을 찾아주는 도구)

현재가치로 환산	미래가치로 환산
일시불의 현가계수	일시불의 내가계수
연금의 현가계수	연금의 내가계수
저당상수	감채기금계수

(1) **일시불의 계수**

   1) 일시불이란? 중간에 들어오거나 나가는 자잘한 금액 없이 큰 금액 하나만 있음

   2) 일시불의 계수: **큰 금액 하나만** 현재나 미래로 움직임

   3) 사례: 주택가격이 매년 몇 %씩 상승, 아파트가격이 매년 몇 %씩 상승

(2) **연금의 계수**

   1) 연금이란? 동일한 기간마다 동일한 금액을 받는 것

   2) 연금의 계수: 자잘한 금액들을 **합칠 때** 쓰는 계수

   3) 사례: 임대료수입, 모두 적립, 총액

(3) **저당상수**

   1) 저당상수: 현재 대출받은 금액을 **나눠 갚을 때** 쓰는 계수
      (예 대출액 × 저당상수 = 원리금)

   2) 사례: **원리금균등**상환방식

(4) **감채기금계수**

   1) 감채기금계수: 미래에 얼마를 **모으기 위해, 만들기 위해** 적금액을 계산

   2) 사례: 모으기 위해, 만들기 위해

(5) 화폐의 시간가치 이론 문제에서 먼저 확인해야 하는 것

   ① **복리 → 맞음**, 단리 → 틀림

   ② 역수관계(연현저당, 내가감기)

   ③ 원리금균등상환 → 저당상수

   ④ **상환비율과 잔금비율을 합하면 1이 된다.**

제 6 장 영업현금흐름

부동산 투자 수입
- 부동산의 운영(월세수입) → 소득이득 → 영업현금흐름
- 부동산의 처분(양도차익) → 자본이득 → 매각현금흐름 (지분복귀액)

01 영업현금흐름(1년 임대료 수입을 구하는 과정)

가능총소득(단위당 임대료 × 임대단위수) − 공실 & 불량부채 + 기타소득(자판기수입, 주차장수입 등)	가 − 공 = 유 − 영 = 순 − 부
유효총소득 − 영업경비(유지관리비, 보험료, 재산세)	= 전
순영업소득 − 부채서비스액(원금 + 이자)	− 세
세전현금수지 − 영업소득세	= 후
세후현금수지	

(1) 가능총소득

  1) 가능총소득은 투자부동산으로부터 얻을 수 있는 최대한의 임대료 수입을 의미한다.

  2) 가구당 임대료 × 가구수 또는 단위면적당 임대료 × 임대면적

(2) 공실, 불량부채, 기타소득

  1) 공실은 임대되지 않고 비어있는 호실이다.

  2) 불량부채는 회수 불가능한 임대료수입을 말한다.

  3) 기타소득(= 영업외수입)은 자판기 수입 등 임대료 외의 수입을 말한다.

(3) 영업경비

　1) 영업경비에 **포함**되는 항목: 유지비, 관리비, 보험료, **재산세**, 용역비, 인건비 등

　2) 영업현금흐름 과정에서 영업경비 외의 항목은 영업경비에 포함되지 않는다. 공실, 불량부채액, 부채서비스액, 이자, 감가상각비, **영업소득세** 등은 다른 곳에서 계산할 것이기 때문에 영업경비에 **포함되지 않는다.**

(4) 부채서비스액

　1) 부채서비스액 = 원리금상환액 = 원금 + 이자 = 저당지불액

　2) 부채 × 저당상수 = 부채서비스액

　3) 부채서비스액 ÷ 저당상수 = 부채

(5) 영업소득세

　1) 영업소득세 = (순영업소득 − 이자 − 감가상각비) × 세율

　❶ 암기코드 (순 − 이 − 감) × 세율

(6) **영업현금흐름 과정 이론 문제, 계산 문제**

　1) **가공유영순 부전세후** 적고 보면서 풀기

　2) 기타소득 = 영업외수입만 더해주고 나머진 모두 차감

　3) 영업경비에 재산세는 포함되지만 영업소득세는 포함되지 않음 (3) − 2) 참고

　4) 부채서비스액은 원금 + 이자

　5) 영업소득세 = (순 − 이 − 감) × 세율

02 매각현금흐름(처분시의 지분복귀액)

```
총 매도가격                                      총 - 매 = 순
- 매도경비(중개수수료 등)
                                                       - 잔
순매도액
- 미상환저당잔금(처분시까지 미상환된 부채잔금)       = 전

세전지분복귀액                                         - 세
- 자본이득세(양도소득세)
                                                       = 후
세후지분복귀액
```

(1) 영업현금흐름과의 차이점

　1) 부채서비스액 → 미상환저당잔금

　2) 영업소득세 → 자본이득세(양도소득세)

　3) 현금흐름 → 지분복귀액

　4) 영업현금흐름은 매년 수입 → 지분복귀액은 처분시 되돌아오는 지분투자액(1회)

지분투자액 (10억 유출)	1년 영업 현금흐름	2년 영업 현금흐름	3년 영업 현금흐름	4년 영업 현금흐름 + 지분 복귀액

제7장 비할인법

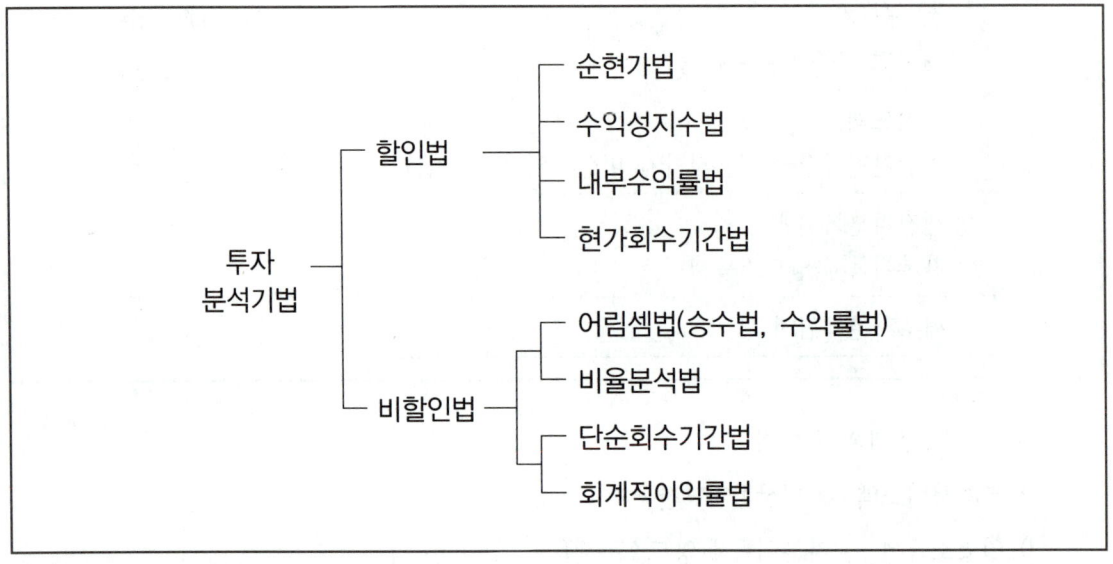

01 어림셈법 (승수법, 수익률법)

(1) **승수법**과 **수익률법**은 영업현금흐름, 총부분을 분수 형태로 비교하여 투자판단을 하는 **비할인법**이다. (화폐의 시간가치를 고려하지 않는다)

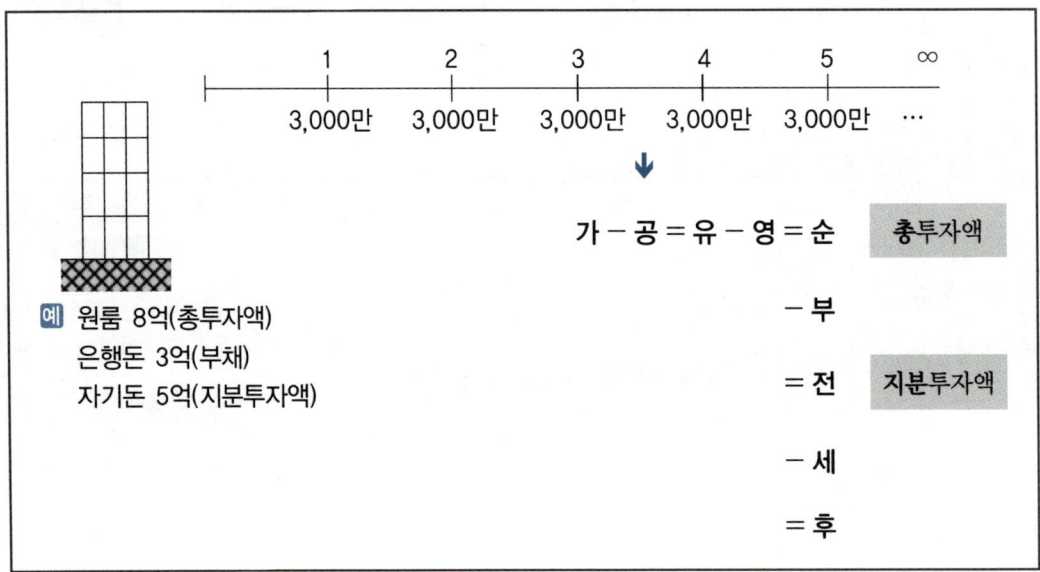

1) **승수법, 수익률법 규칙**

   ① 가공유영순 부전세후, 총부분을 분자, 분모형태로 비교한다.
      (총부분 = 전체 투자액 VS 가공유영순 = 1년간 수익)

   ② 비교되는 짝꿍을 찾는다.
      - '~소득'은 총투자액과 비교(가능총소득, 유효총소득, 순영업소득 → 총)
      - '~현금수지'는 지분투자액과 비교(세전현금수지, 세후현금수지 → 지분)

   ③ **총부분 ÷ 영업현금흐름 = 승수법** (승수는 총부분을 왼쪽에 적는다)
      영업현금흐름 ÷ 총부분 = 수익률법 (수익률은 총부분을 오른쪽에 적는다)

승수법(총부분÷현금흐름)		수익률법(현금흐름÷총부분)	
총소득승수	$\dfrac{\text{총투자액}}{\text{총소득}}$	총자산회전율	$\dfrac{\text{총소득}}{\text{총투자액}}$
순소득승수 = 자본회수기간	$\dfrac{\text{총투자액}}{\text{순영업소득}}$	(종합)자본환원율	$\dfrac{\text{순영업소득}}{\text{총투자액}}$
세전현금수지승수	$\dfrac{\text{지분투자액}}{\text{세전현금수지}}$	지분환원율 = 지분배당률	$\dfrac{\text{세전현금수지}}{\text{지분투자액}}$
세후현금수지승수	$\dfrac{\text{지분투자액}}{\text{세후현금수지}}$	세후수익률	$\dfrac{\text{세후현금수지}}{\text{지분투자액}}$

(2) 승수법과 수익률법은 서로 역수관계이다. ❶ 순자 / 전분

   1) 총소득승수 ↔ 총자산회전율
   2) 순소득승수(= 자본회수기간) ↔ (종합)자본환원율
   3) 세전현금수지승수 ↔ 지분환원율(= 지분배당률)
   4) 세후현금수지승수 ↔ 세후수익률

02 비율분석법

부채감당률(순투부)	채무불이행률(영부유~)	영업경비비율
$\dfrac{\text{순영업소득}}{\text{부채서비스액}}$	$\dfrac{\text{영업경비} + \text{부채서비스액}}{\text{유효총소득}}$	$\dfrac{\text{영업경비}}{(\text{가능, 유효})\text{총소득}}$

(1) 비율분석법의 지표

 1) **부채감당률(순투부)**

  ① 부채서비스액에 대한 순영업소득의 비율

  ② 부채감당률이란 **순영업소득이 부채서비스액의 몇 배가 되는가**를 나타내는 비율이다.

  ③ **부채감당률이 1보다 작으면,** 투자로부터 발생하는 순영업소득이 부채서비스액을 **감당할 수 없다고 판단**된다. (1보다 커야 소득이 대출을 감당할 수 있다)

  ④ 대출기관이 채무불이행 위험을 낮추기 위해서는 해당 대출조건의 부채감당률을 높이는 것이 유리하다. **(부채감당률은 클수록 좋다)**

 2) **채무불이행률(영부유)**

  ① **유효총소득이 영업경비와 부채서비스액**을 감당할 수 있는 능력이 있는지를 측정하는 비율이다.

 3) 영업경비비율

  ① 가능총소득 또는 유효총소득에 대한 영업경비의 비율이다.

  ② 문제에서 '가능총소득 기준' 또는 '유효총소득 기준'이라고 주어진다.

(2) ~에 대한 ~의 비율

 1) '~에 대한'이 분모에 들어갈 표현이고
  '~의'가 분자에 들어갈 표현이다.

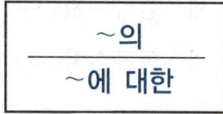

 2) 예를 들어, '부채감당률은 부채서비스액에 대한 순영업소득의 비율이다.'는 맞다.
  반대로 '부채감당률은 순영업소득에 대한 부채서비스액의 비율이다.'는 틀리다.

(3) 비율분석법의 한계 및 특징

 1) 비율분석법은 비할인법이므로 화폐의 시간가치를 고려하지 않는다.

 2) 동일한 투자안도 사용지표에 따라 **투자결정이 달라질 수 있다.**

 3) 동일한 결과값이 나와도 투자자에 따라 **투자결정이 달라질 수 있다.**

03 비할인법 계산

(1) **비할인법 계산 순서**

1) 보기에 **역수관계**인 지표가 있는지 가장 먼저 **확인**
2) **가공유영순 부전세후, 총부분** 적기
3) 문제에서 준 조건을 대입
4) 비할인법 지표들을 **분수 형태로 공식** 적어놓고 풀기

[26회] 다음의 자료를 통해 산정한 값으로 틀린 것은? (단, 주어진 조건에 한함)

- 지분투자액 : 6억원
- 총투자액 : 10억원
- 세전현금수지 : 6,000만원/년
- 부채서비스액 : 4,000만원/년
- (유효)총소득승수 : 5

```
         가 - 공 = 유 - 영 = 순
총              - 부
부                    = 전
분                          - 세
                                = 후
```

① (유효)총소득 : 2억원/년
② 순소득승수 : 10
③ 세전현금수지승수 : 10
④ (종합)자본환원율 : 8%
⑤ 부채감당률 : 2.5

04 기타 투자분석기법

(1) **회계적 이익률법**

   1) 회계적 이익률은 연평균순이익을 연평균투자액으로 나눈 비율이다.

   2) 회계적 이익률법에서는 투자안의 이익률이 목표이익률보다 높은 투자안 중에서 이익률이 가장 높은 투자안을 선택하는 것이 합리적이다.

   3) **회계적 이익률법은 화폐의 시간가치를 고려하지 않는다.** (비할인법)

(2) **회수기간법**

   1) 승수와 회수기간은 같은 뜻(순소득승수 = 자본회수기간)

   2) 회수기간은 투자시점에서 발생한 비용을 회수하는 데 걸리는 기간을 말하며, 회수기간법에서는 투자안 중에서 **회수기간이 가장 단기인 투자안을 선택한다.**

   3) 예상회수기간(2년)이 목표회수기간(3년)보다 짧으면 투자안을 채택한다.

   4) **단순회수기간법은 화폐의 시간가치를 고려하지 않는다.** (비할인법)

   5) 단순회수기간법 계산: 초기 투자액이 되는 시점까지 순현금흐름을 더한다.

기 간	1기	2기	3기	4기
초기 투자액 1억원(유출)				
순현금흐름	3,000만원	2,000만원	2,000만원	6,000만원
회수누적액(기간)	3,000만원(1년)	5,000만원(2년)	7,000만원(3년)	1억(3년 6개월)

제 8 장 할인현금흐름분석법(DCF)

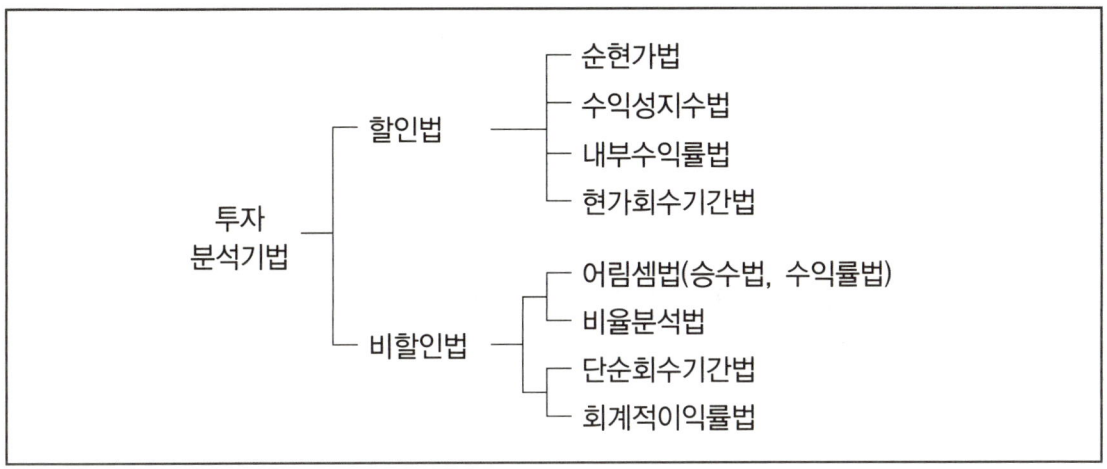

00 할인법

(1) **할인현금흐름분석법**은 장래 예상되는 현금수입과 지출을 현재가치로 **할인하여 분석하는 방법이다.**

1) 할인법은 부동산 투자기간 동안의 현금흐름을 반영한다.

2) 현금흐름의 추계에서는 부동산 운영으로 인한 영업소득뿐만 아니라 처분시의 지분복귀액도 포함된다.

3) **순현가법, 수익성지수법 및 내부수익률법**, 현가회수기간법은 **화폐의 시간가치를 고려하는 방법이다. (= 할인법이다)**

4) 투자자에 따라 투자의사결정이 달라질 수 있다.

01 순현가법(NPV)

(1) 순현재가치를 구하여 투자분석을 하는 방법이다.

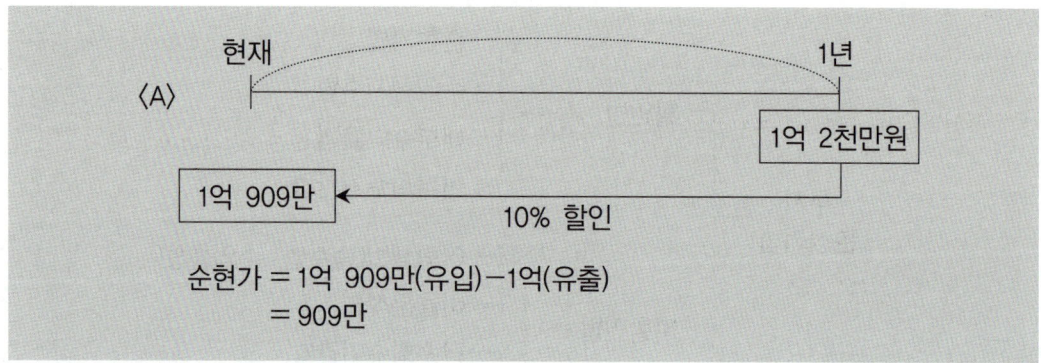

1) <u>순현재가치</u>는 투자자의 요구수익률로 할인한 현금<u>유입</u>의 현가에서 현금<u>유출</u>의 현가를 <u>뺀 값</u>이다.

2) 순현가를 0과 비교하여 투자판단을 한다.

3) <u>할인율로 요구수익률</u>을 사용한다.

(2) 순현가법의 특징

1) 부의 극대화 원칙에 따르면 순현가가 큰 투자안을 채택한다.

2) 순현재가치법만 가치가산원리가 적용된다. (순 + 순)

3) **순현재가치법이 가장 합리적이다.**

4) 동일한 현금흐름의 투자안이라도 투자자의 요구수익률에 따라 순현재가치(NPV)가 달라질 수 있다. = <u>투자자에 따라 투자의사결정이 달라질 수 있다</u>.

5) '**재투자율**'은 **할인율**로 바꿔 읽는다.
   예시) 순현가법은 재투자율로 요구수익률을 사용한다. - (○)

(3) <u>순현가 계산</u>(그림의 예시)

1) '1'년 후의 1억 2천만원을 요구수익률로 '1'번 할인한다. → 유입
   (할인은 무조건 ÷1××%로 계산)

2) <u>유입 − 유출 = 순현가</u>(유입 유출 뺀 값)

02 수익성지수법(PI법)

(1) 수익성지수를 구하여 투자분석을 하는 방법이다.

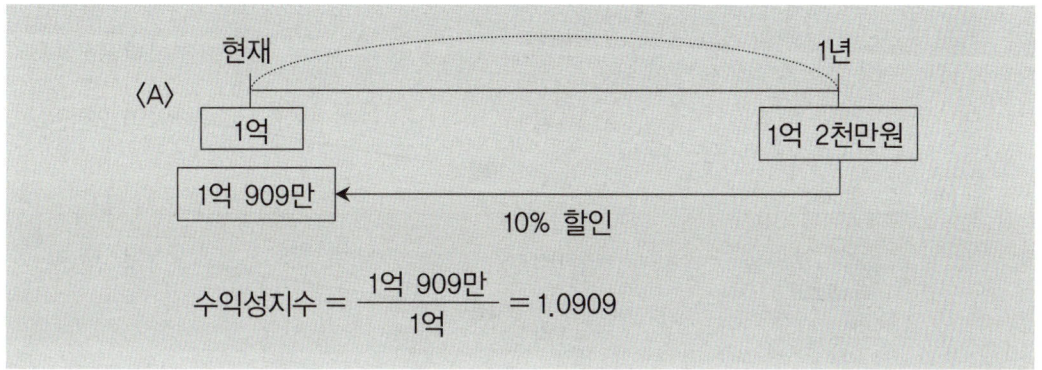

1) **수익성지수**는 투자자의 **요구수익률로 할인**한 현금**유입**의 현가에서 현금**유출**의 현가를 **나눈** 상대지수이다.

2) 수익성지수를 **1과 비교**하여 투자판단을 한다.

3) **할인율로 요구수익률**을 사용한다.

4) **순현재가치가** 0인 단일 투자안의 경우, **수익성지수는** 1이 된다.

(2) 수익성지수 계산(그림의 예시)

1) '1'년 후의 1억 2천만원을 요구수익률로 '1'번 할인한다. → 유입
   (할인은 무조건 ÷1××%로 계산)

2) 유입 ÷ 유출 = 수익성지수(유입 유출 나눈 비율)

03 내부수익률법(IRR법)

(1) 내부수익률을 구하여 투자분석을 하는 방법이다.

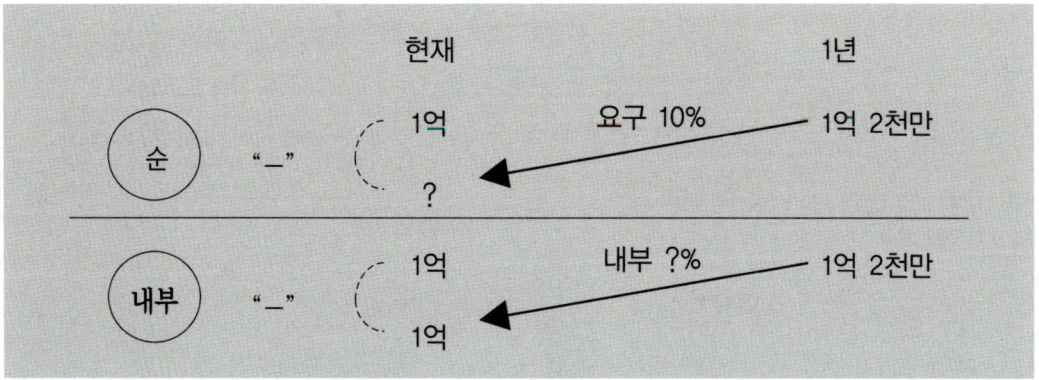

1) 내부수익률법은 **할인율로 내부수익률**을 사용한다.

　① 내부수익률은 유입과 유출을 **같게** 만드는 할인율이다.

　② <u>내부수익률은 순현가를 0으로 만드는 할인율이다.</u>

　③ 내부수익률은 **수익성지수를 1로** 만드는 할인율이다.

2) **내부수익률을 요구수익률과 비교**하여 내부수익률이 더 큰 경우 투자한다.

3) 투자자산의 현금흐름에 따라 **복수의 내부수익률**이 존재할 수 있다.

구분	순현가법	수익성지수법	내부수익률법
할인율	**요구수익률**	**요구수익률**	내부수익률
계산	유입 유출을 **뺀**	유입 유출을 **나눈**	유입 유출을 **같게**
비교	0과 비교	1과 비교	**요구수익률과 비교**
⬥ 암기코드	요빼영	요나일	내같요

PART 06

부동산 금융론

제1장 최대대출가능금액
제2장 고정금리 및 변동금리
제3장 저당상환방식
제4장 저당유동화, 저당담보증권(MBS)
제5장 한국주택금융공사의 주택연금제도
제6장 부동산투자회사(REITs)
제7장 프로젝트 파이낸싱(PF)
제8장 지분금융 vs 부채금융
제9장 부동산금융 마무리

PART 06 부동산 금융론

제1장 최대대출가능금액

01 대출규제

(1) **LTV** : Loan To Value(= 대부비율 = 융자비율 = 저당비율 = 대출비율)

  1) Loan = 부채, Value = 가치(가격)

  2) 담보인정비율(LTV)는 주택의 담보**가치**를 중심으로 대출규모를 결정하는 기준이다.

$$\frac{부채}{총} = 대부비율(LTV)$$

$$\frac{부채}{지분} = 부채비율$$

(2) **DTI** : Debt To Income(= 총부채상환비율)

  1) Debt = 부채서비스액, Income = 소득

  2) 차주상환능력(DTI)은 차입자의 **소득**을 중심으로 대출규모를 결정하는 기준이다.

  3) 총부채원리금상환비율(DSR)은 차주의 연간 **소득** 대비 연간 금융부채 원리금 상환액 비율을 말한다. (DTI ≒ DSR)

(3) LTV, DTI 올린다. (규제 완화) = 대출 많이 = 대출자 위험 증가, 주택수요 증가

(4) 담보인정비율(LTV)이나 총부채상환비율(DTI)에 대한 구체적인 기준은 금융위원회에서 정하는 기준에 의한다.

(5) **최대대출가능금액 계산**

  1) 적용받는 대출규제 : 주택 : LTV & DTI, 상가 : LTV & 부채감당률

  2) 계산순서

  ① 대출규제를 세로로 적기

  ② 문제의 조건을 대입하고 L과 D 구하기

  ③ D(부채서비스액)를 저당상수로 나눠서 부채로 바꾸기

  ④ L과 'D ÷ **저당상수**' 중 더 작은 값이 최대대출금액

  ⑤ 최대 대출금액에서 기존 대출액 빼주기

[35회] 현재 5천만원의 기존 주택담보대출이 있는 A씨가 동일한 은행에서 동일한 주택을 담보로 추가대출을 받으려고 한다. 이 은행의 대출승인기준이 다음과 같을 때, A씨가 추가로 대출받을 수 있는 최대금액은 얼마인가? (단, 제시된 두 가지 대출승인기준을 모두 충족시켜야 하며, 주어진 조건에 한함)

- A씨 담보주택의 담보가치평가액: 5억원
- A씨의 연간 소득: 6천만원
- 연간 저당상수: 0.1
- 대출승인기준
  - 담보인정비율(LTV): 70% 이하
  - 총부채상환비율(DTI): 60% 이하

제2장 고정금리 및 변동금리

01 변동금리

(1) **변동금리** 주택담보대출은 이자율 변동으로 인한 **위험을 차입자에게 전가**하는 방식으로 **금융기관의 이자율 변동위험을 줄일 수 있는 장점**이 있다. (대출자 위험 낮다)

1) 이자율 조정주기가 짧을수록 위험을 차입자에게 더 전가하게 된다.

2) 코픽스(Cost of Funds Index): 기준금리(변동금리)를 정할 때 기준이 되는 지표 (시장의 평균금리로 이해), 기준금리가 상승하면 변동금리도 상승한다.

$$\text{변동금리} = \underset{\text{(COFIX)}}{\text{기준금리}} + \underset{\text{(신용도)}}{\text{가산금리}}$$

02 고정금리

(1) 고정금리 주택담보대출은 차입자가 대출기간 동안 지불해야 하는 **이자율이 동일한** 형태로 시장금리의 변동에 관계없이 대출시 확정된 이자율이 만기까지 계속 적용된다.

   1) 차입자에게 고정금리대출을 실행하면 대출자의 위험은 높아진다. (변동금리처럼 위험을 전가하지 못한다) → 대출자 입장에서 고정금리가 위험하다.

   2) 고정금리가 더 위험하기 때문에 다른 대출조건이 동일한 경우 통상적으로 고정금리는 변동금리보다 높다. (위험이 크면 수익도 크다)

   > 고정이자율(명목이자율) − 인플레이션율 = 실질이자율

(2) 고정금리의 위험

   1) 고정금리 대출 후 시장금리가 상승(고정금리 < 시장금리): 인플레이션 위험
      ① 시장이자율이 대출약정이자율보다 높아지면 대출기관은 인플레이션으로 인한 위험이 커진다.

   2) 고정금리 대출 후 시장금리가 하락(고정금리 > 시장금리): 조기상환 위험
      ① 고정금리대출을 실행한 대출기관은 금리하락시 차입자의 조기상환으로 인한 위험이 커진다. (조기상환 → 다른 은행으로 넘어간다)

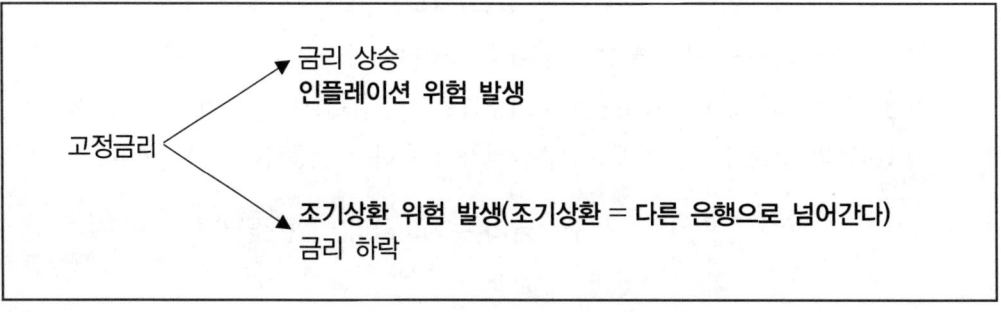

제3장 저당상환방식

01 저당상환방식 비교

(1) 원금균등상환 vs 원리금균등상환

	원금균등상환	원리금균등상환	점증식상환
원금상환액 추이	원금상환액이 일정	원금상환액 점차 증가	원금상환액 점차 증가
이자지급액 추이	시간이 갈수록 이자지급액은 감소		
원리금상환액 추이	초기에 빨리 갚음, 원리금상환액 감소	원리금상환액 일정	원리금상환액 점차 증가
대상	현재 소득이 높은 은퇴예정자	가장 평범한 형태	소득이 증가할 사회초년생
그림			

1) 원금균등상환방식이 초기에 원리금상환액이 가장 크다. (초기에 빨리 갚는다)

2) **총이자 = 누적원리금상환액 = 중도상환시 대출잔액 = 가중평균상환기간**
   → 초기에 많이 갚을수록 작아진다.
   (원금을 빨리 갚는 원금균등상환이 가장 경제적이고 좋다)

3) **총부채상환비율**(DTI)은 원리금상환액으로 바꿔 읽기(각 방식마다 소득은 같다)

4) 원금균등상환, 원리금균등상환, 점증식상환을 비교할 때, 순서는 섞이지 않는다.
   예 원금균등 > 원리금균등 > 점증식 또는 원금균등 < 원리금균등 < 점증식

5) **만기일시**상환방식은 대출만기 때까지는 원금상환이 전혀 이루어지지 않기에 매월 내는 이자가 만기 때까지 동일하다.

6) 거치기간이 있을 경우, 이자지급 총액이 증가하므로 원리금지급총액도 증가하게 된다.

02 원금균등상환방식 계산

(1) 원금균등상환방식 계산순서

1) 세로로 원금, 이자, 원리금 순으로 적고, 가로로는 회차 적어서 표 만들기

① 표 안에 들어갈 숫자를 계산 → 균등한 것 먼저(**원금균등은 원금 먼저 계산**)

② 두 빈째로 이자 구하기 → 이자 = **대출잔액 × 이자율** → 회차에 대각선 긋고 몇 회차까지 갚았는지를 대출액에서 빼면 **대출잔액**

③ 원금 + 이자 = 원리금

	9회차	13회차	17회차
원금	대출액 ÷ 기간	대출액 ÷ 기간	대출액 ÷ 기간
이자	(원금×8회차)를 대출액에서 빼기, 이자율과 곱하기	(원금×12회차)를 대출액에서 빼기, 이자율과 곱하기	(원금×16회차)를 대출액에서 빼기, 이자율과 곱하기
원리금	원금 + 이자	원금 + 이자	원금 + 이자

03 원리금균등상환방식 계산

(1) 원리금균등상환방식 계산순서

1) 세로로 원금, 이자, 원리금 순으로 적고, 가로로는 회차 적어서 표 만들기

① 표 안에 들어갈 숫자를 계산 → 균등한 것 먼저(원리금균등은 원리금 먼저 계산)

② 원리금 → 1회차 이자 → 1회차 원금 → 2회차 원금 순으로 계산

	1회차	2회차	3회차
원금	③ 원리금 − 이자	④ 1회차 원금 × (100 + 이자율)%	⑤ 2회차 원금 × (100 + 이자율)%
이자	② 대출액 × 이자율	원리금 − 2회차 원금	원리금 − 3회차 원금
원리금	① 대출액 × 저당상수	대출액 × 저당상수	대출액 × 저당상수

제4장 저당유동화, 저당담보증권(MBS)

01 저당유동화

(1) 저당유동화란? 금융기관에서 보유한 채권(M)의 현금화를 돕기 위해 증권(MBS)의 형태로 작게 자르고 이를 투자자에게 매각하여 현금으로 바꾸는 과정을 말한다.

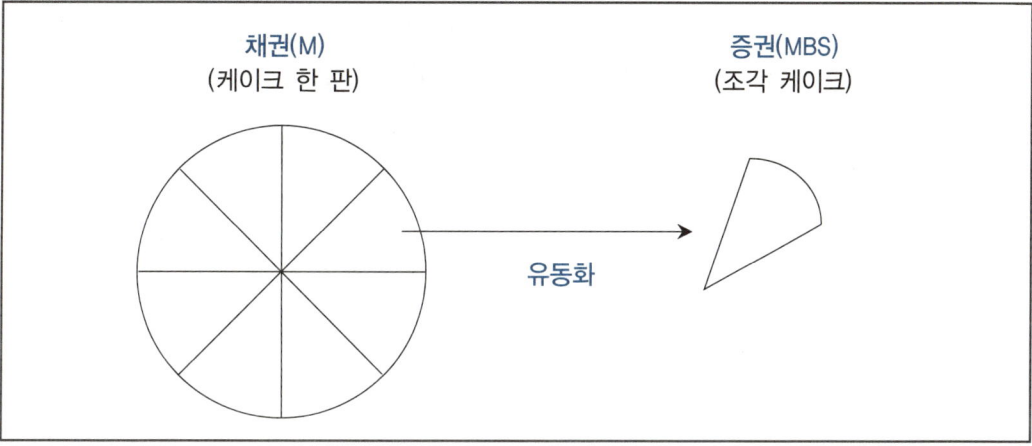

1) 저당유동화의 장점(금융기관이 돈이 많아진다)

① 대출기관의 유동성이 증대되어 **대출기관의 자금이 풍부해져** 궁극적으로 주택자금**대출**이 **확대**될 수 있다.

② 주택금융의 대출이자율 하락과 다양한 상품설계에 따라 주택 구입시 융자 받을 수 있는 금액이 증가될 수 있다.

③ 주택금융의 활성화로 주택건설이 촉진되어 주거안정에 기여할 수 있다.

④ 주택금융의 확대로 **자가 소유 가구 비중이 상승**한다. (**수요 증가**)

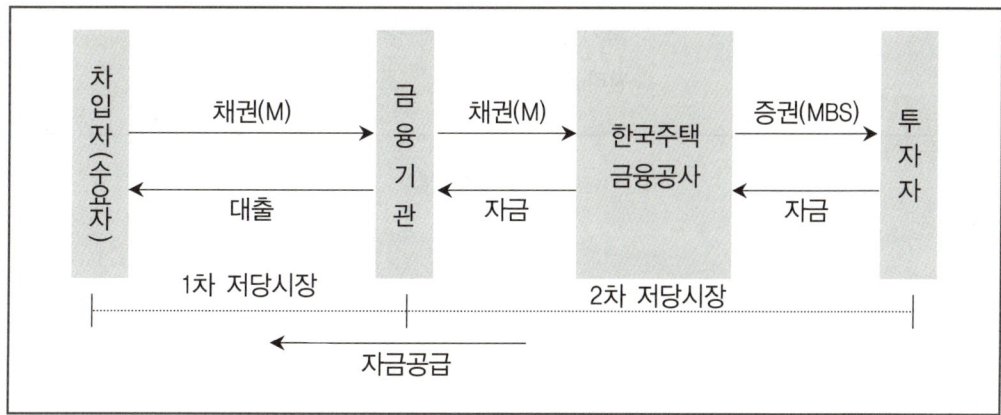

02 저당유동화 과정

(1) 저당유동화 과정

1) 우리나라의 모기지 유동화중개기관으로는 한국주택금융공사가 있다.
2) 한국주택금융공사는 주택저당**채권**(M)**을 기초로** 하여 주택저당**증권**(MBS)**을 발행**하고 있다.
3) **1차 저당시장**은 저당대출을 원하는 **수요자**와 저당대출을 제공하는 **금융기관**으로 형성되는 시장을 말하며, 주택담보**대출시장**이 여기에 해당한다.
4) 2차 저당시장은 특수목적회사(한국주택금융공사)를 통해 투자자로부터 자금을 조달하여 주택자금 대출기관에 공급해주는 시장을 말한다.
5) 2차 저당시장은 1차 저당시장에 자금을 공급하는 역할을 한다.

03 저당담보증권(MBS)의 유형

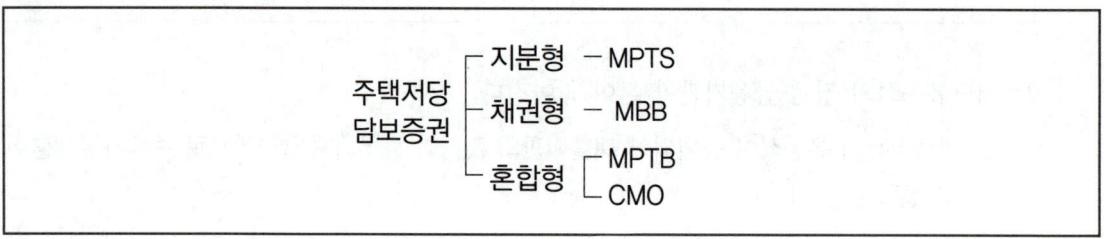

M	PT	S	PT, S = 투자자
M	B	B	B = 발행자
M	PT	B	
	조기상환위험	채무불이행위험	
	원리금 수취권	소유권	

❶ **조수** 채소

(1) MPTS(Mortgage Pass-Through Security)

　1) **지분형 증권**으로, **조수 채소를 모두 투자자가 가져간다.**

　2) 따라서 투자자 입장에서 권리를 모두 가져가기 때문에 수익이 크지만, 위험도 모두 부담하기 때문에 위험이 크다.

(2) MBB(Mortgage-Backed Bond)

　1) **채권형 증권**으로, **조수 채소를 모두 발행자가 가져간다.**

　2) 따라서 투자자 입장에서는 가져가는 권리가 없기 때문에 수익이 낮지만, 부담해야 하는 위험도 가장 작다. (**콜방어**가 된다)

　3) 발행자는 부담해야 하는 위험이 크기 때문에 **초과담보**를 제공하는 것이 일반적이다.

　4) 차입자의 채무불이행이 발생하더라도 MBB에 대한 원리금을 발행자가 투자자에게 지급하여야 한다. (**투자자는 안정적인 수익을 얻을 수 있다**)

(3) MPTB(Mortgage Pay-Through Bond)

　1) 혼합형 증권으로, **조수**는 투자자(PT)가 가져가고, **채소**는 발행자(B)가 가져간다.

(4) CMO(Collateralized Mortgage Obligation)

　1) 발행자는 동일한 저당풀에서 상환우선순위와 만기가 다른 **다양한** 저당담보부증권(MBS)을 발행할 수 있다.

　2) CMO는 **트랜치**별로 적용되는 이자율과 만기가 다른 것이 일반적이다.

　3) **조수 채소를 누가 가져가는가?** → MPTB와 동일(같은 혼합형)
　　　　　　　　　　　　　　　→ 소유권 발행자가 갖는다.

(5) CMBS란 금융기관이 보유한 **상업**용 부동산 모기지를 기초자산으로 하여 발행하는 증권이다. (C-상업)

04　자산유동화증권(ABS)

(1) 자산유동화란? 보유하고 있는 자산을 담보로 하여 증권을 발행함으로써 자산의 유동성을 높이는 제도(자산의 현금화를 쉽게 하기 위한 제도)

　1) 유동화전문회사는 상법상 유한회사로 한다.

　2) 유동화자산의 양도방식은 매매 또는 교환에 의한다.

　3) 양도인은 유동화자산에 대한 반환청구권을 가지지 아니한다.

(2) PF ABS   vs   PF ABCP
   (자산유동화)   (자산담보부기업어음)

구분	PF ABS	PF ABCP
정의	부동산개발업체의 개발사업에서 발생하는 수익 등을 기초자산으로 발행되는 자산유동화증권	유동화전문회사(SPC)가 매출채권, 대출채권 등 자산을 담보로 발행하는 기업어음
기간	장기인 경우에 발행	단기인 경우에 발행
적용 법	자산유동화법에 근거	상법에 근거(C-상업)
등록	자산유동화계획을 금융위원회에 등록해야 함	금융위원회 등록이 필요 없음
특징	기초자산을 유동화할 때마다 매번 회사를 만들어야 함	한 번 설립하면 유동화증권을 발행할 수 있는 도관형 구조 (파이프를 만들었다고 생각)

제 5 장 한국주택금융공사의 주택연금제도

01 주택연금제도

(1) 주택연금이란? 주택을 금융기관에 담보로 맡기고, 금융기관으로부터 연금과 같이 매월 노후 생활자금을 받는 제도이다.

(2) **한국주택금융공사**는 주택연금 담보주택의 가격하락에 대한 위험을 부담할 수 있다. (**금융공사가 보증하는 제도**)

(3) 수령기간이 경과할수록 대출잔액이 누적된다. (주택연금 = 역모기지)

(4) 주택연금 관련 법령

　1) **가입가능연령**: 주택소유자 또는 배우자가 만 55세 이상

　2) 주택보유수: 부부 기준 공시가격 12억 이하 1주택만을 소유하거나 보유주택 합산가격이 12억원 이하인 다주택자

3) 대상주택

　① 공시가격 12억원 이하의 주택법상 주택 및

　② 지방자치단체에 신고된 노인복지주택

　③ 상가 등 복합용도주택은 전체 면적 중 주택이 차지하는 면적이 1/2 이상인 경우 가입 가능

　④ **주거목적 오피스텔 가입가능(업무시설인 오피스텔은 가입 불가)**

4) 거주요건 : 주택연금 가입주택을 가입자 또는 배우자가 실제 거주지로 이용하고 있어야 함. 해당 주택을 전세 또는 월세로 주고 있는 경우 가입 불가

5) **지급방식 : 종신지급방식과 종신혼합방식, 확정기간방식 등이 있다.**

6) **연금 종료 : 부부 모두 사망한 경우**

7) 연금 종료 시점에 주택소유권이 연금지급기관으로 이전된다.

8) 종신지급방식에서 주택연금 대출원리금이 담보주택 처분가격을 초과하더라도 초과 지급된 금액을 상속인이 상환하지 않는다. (신청자, 상속인에게 유리하다)

9) 반대로, 주택연금 대출원리금이 담보주택 처분가격보다 적으면 **남은 금액은 상속인에게 돌아간다. (신청자, 상속인에게 유리하다)**

금액 비교	비고
연금지급총액 > 주택처분금액	부족분에 대해 상속인에게 별도 청구 없음
연금지급총액 < 주택처분금액	남는 부분은 상속인에게 돌아감

제6장 부동산투자회사(REITs)

01 부동산투자회사(REITs)

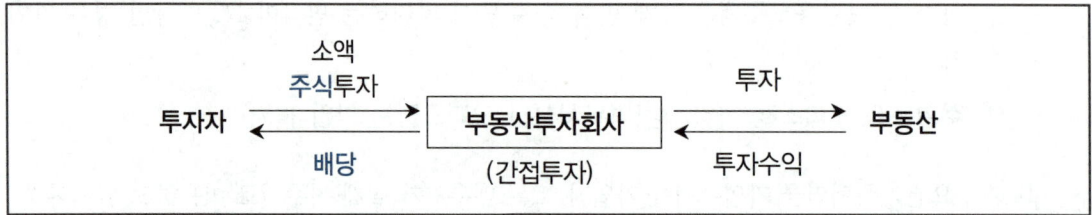

(1) 소액투자자들이 직접 부동산에 투자하는 것은 어렵기 때문에, 부동산투자회사에 투자함으로써 간접적으로 부동산에 투자할 수 있게 해주는 간접투자의 성격을 지닌다.
(부동산투자회사는 **소액**으로도 부동산에 **투자**할 수 있다는 장점이 있다)

(2) 부동산투자회사는 투자자를 대신하여 투자자의 자금을 부동산에 투자하고 그 운영성과를 투자자에게 배분한다.

(3) 부동산투자회사는 주식회사이므로, 부동산투자회사에 투자하는 것은 주식을 사는 것이다.

1) **주식을 매수**한 투자자는 **원금손실의 위험**이 있고, **배당이익과 주식매매차익**을 획득할 수 있다.

02 부동산투자회사법

구분	자기관리 REITs	위탁관리 REITs	구조조정 REITs
형태	실체회사	명목회사	
법인세	법인세 과세	법인세 감면	
지점	본점 외 지점 설치 가능	본점 외 지점 설치 불가능	
직원고용	직원, 상근 임원 가능	직원, 상근 임원 불가능	
운용방법	직접 투자 운용	자산관리회사에 위탁	
설립자본금	5억 이상 (오)	3억 이상 (삼)	3억 이상 (삼)
<u>최저자본금</u>	<u>70억 이상 (칠)</u>	<u>50억 이상 (오)</u>	<u>50억 이상 (오)</u>
주식소유 제한	**주주 1인** 및 특별관계자는 발행주식 총수의 50% **초과하여 소유하지 못한다.**		제한 없음
공모	영업인가(등록)후 2년 이내 30% 이상을 일반의 청약에 제공하여야 한다.		일반공모 규정배제
투자대상	부동산, 부동산관련유가증권 및 현금: 80% 이상, 70% 이상 부동산		부동산 70% 이상
현물출자	영업인가 후 최저자본금을 갖추기 전에는 현물출자 불가능		
차입	부동산투자회사는 금융기관으로부터 자금을 차입할 수 있다.		

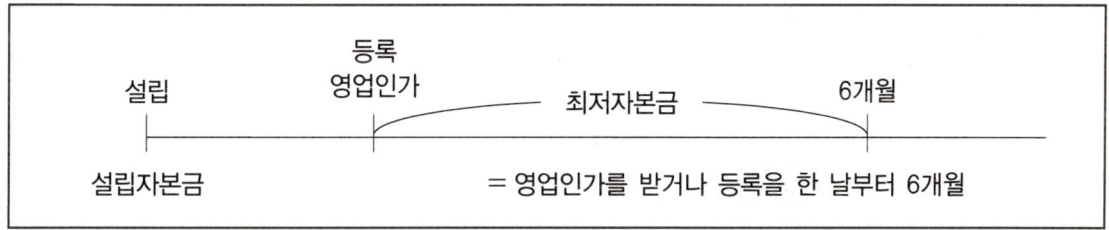

설립자본금 = 영업인가를 받거나 등록을 한 날부터 6개월

(1) **감정평가사 또는 공인중개사**로서 해당 분야에 **5년** 이상 종사한 사람은 **자기관리** 부동산투자회사의 상근 자산운용 전문인력이 될 수 있다.

(2) 자산관리회사 등에서 5년 이상 근무한 사람으로서 부동산의 취득·처분·관리·개발 또는 자문 등의 업무에 3년 이상 종사한 경력이 있는 사람

(3) 부동산 관련 분야의 석사학위 소지자로서 부동산의 투자·운용과 관련된 업무에 3년 이상 종사한 사람

(4) **현물출자에 의한 설립은 불가능하다.**

(5) 부동산투자회사는 주식회사로 하며, 그 상호에 부동산투자회사라는 명칭을 사용하여야 한다.

(6) 부동산투자회사는 부동산투자회사법에서 특별히 정한 경우를 제외하고는 상법의 적용을 받는다.

(7) 자산관리회사를 설립하려는 자는 일정한 자격요건을 갖춘 자산운용전문인력 5인 이상을 확보하여야 한다.

(8) 주요 주주는 미공개 자산운용정보를 이용하여 부동산을 매매하거나 타인에게 이용하게 하여서는 아니 된다.

(9) 국토교통부장관은 회사가 최저자본금을 준비하였음을 확인한 때에는 지체 없이 주요 출자자의 적격성을 심사하여야 한다.

제7장 프로젝트 파이낸싱(PF)

01 프로젝트 파이낸싱(PF)

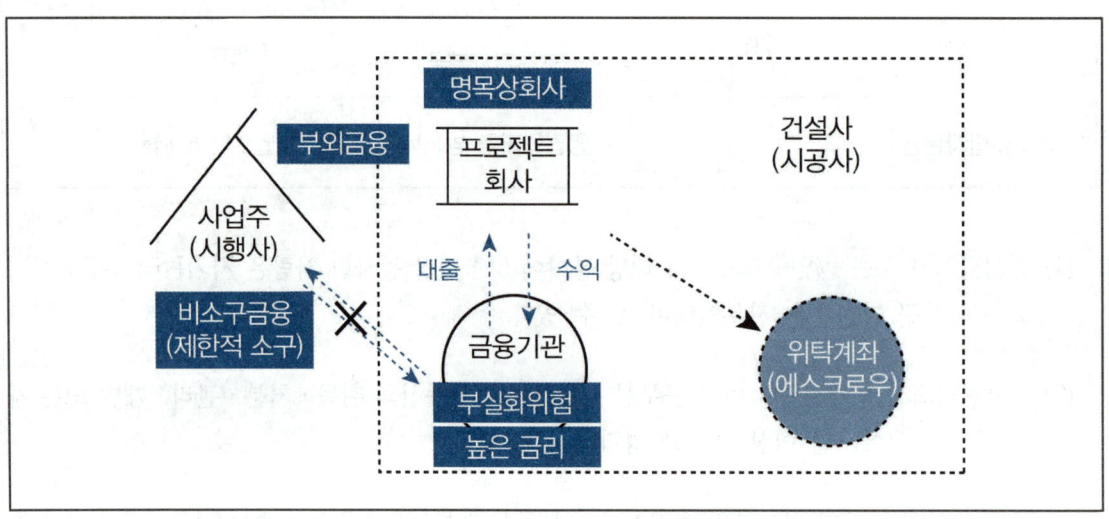

(1) 대규모의 자금이 소요되고 공사 기간이 장기간 소요되는 사업에 적합하다.

(2) **미래에 발생할 현금흐름(수익성)과 사업자체자산(사업성)을 담보로 자금을 조달하는 금융기법이다. (사업주의 자산은 아님)**

(3) 일반 기업대출의 차입자는 일반기업이고 부동산 프로젝트금융의 차입자는 특수법인(프로젝트회사)이다.

(4) 따라서 기업의 재무상태표에 부채로 표시되지 않는다. (부외금융)

(5) 또한 사업이 실패했을 경우 금융기관은 대출금을 상환 <u>청구할 수 없다.</u> <u>(비소구금융, 제한적 소구금융)</u> = 해당 프로젝트가 부실화되면 대출기관은 <u>채권 회수할 수 없다.</u>

(6) 프로젝트 금융이 부실화될 경우 해당 금융기관의 부실로 이어질 수 있다.

(7) 일반적으로 기업대출보다 금리 등이 높아 사업이 성공할 경우 해당 금융기관은 높은 수익을 올릴 수 있다. (위험 크면 수익 높다)

(8) 일정한 요건을 갖춘 프로젝트 회사는 법인세 감면을 받을 수 있다. (명목상 회사)

(9) 프로젝트 파이낸싱(PF)은 예상되는 제반 위험을 프로젝트 회사와 이해당사자 간의 계약에 의해 적절하게 배분한다.

(10) 금융기관의 위험 관리 방안
① **위탁계좌**를 통해서 **자금을 관리**한다. 또는 부동산 신탁회사가 **에스크로우 계정**을 통해 **자금관리**를 담당한다.
② **사업주의 이익은 가장 나중에 가져간다.**
③ 시행사와 시공사의 부도 등과 같은 사유가 발생할 경우 사업권이나 시공권을 포기하겠다는 각서를 받는다.
④ 시공사에게 책임준공 의무를 부담한다.

제8장 지분금융 vs 부채금융

01 지분금융

(1) 주식 발행, 지분권 판매 등 자기자본을 조달하는 것

① **신**디케이션, **조**인트벤처, **리**츠, 부동산**투자**회사, 간접투자펀드, 공모에 의한 **증자**

🔹 암기코드 **신 조 리 투자 증자**

02 부채금융

(1) 저당, 담보, 사채 발행 등 타인자본을 조달하는 것

① 주택**저당**대출, 주택상환**사채**, 자산**담보**부기업어음(ABCP), **저당담보**증권(MBS)

② **신탁증서금융**, 프로젝트 금융, MPTS, MBB, MPTB, CMO, 자산유동화증권(ABS)

03 메자닌금융

(1) 지분금융과 부채금융의 성격을 모두 가지는 것

① **신**주인수권부사채, **전**환사채, **후**순위대출, **우**선주

🔹 암기코드 **신 전 후 우**

제 9 장 부동산금융 마무리

01 부동산금융 관련 지문

(1) **부동산금융은** 부동산을 운용대상으로 하여 필요한 **자금을 조달**하는 일련의 과정이라 할 수 있다. (자금 융통)

　1) 주택**금융은** 주택자금조성, 자가주택공급확대, 주거안정, 주택경기 및 주택가격 조절 등의 **기능이 있다. (여러 가지 기능이 있다)**

　2) 수요자 금융을 확대하면 주택수요를 증가시킴으로써 주택경기를 활성화시킬 수 있다.

　3) 대출금이 과도한 경우 차입자의 채무불이행 가능성이 커질 위험이 있다.

　4) 금리가 하락하면 부동산 수요는 증가할 수 있다.

(2) 한국주택금융공사는 주택저당채권의 평가 및 실사업무 등을 수행하고, 주택저당채권을 매입하여 일정기간 보유하고, 장기주택금융활성화를 위하여 금융기관에 대하여 주택자금대출을 지원한다. + 주택연금제도, MBS 발행

(3) **주택도시기금은 국민주택의 건설**이나 **국민주택규모 이하의** 주택을 건설하기 위한 대지조성 사업에 소요되는 자금을 지원하는 데 사용된다.

　1) 국민주택규모를 초과하는 주택의 구입자 또는 임차자는 주택도시기금 대출이 불가능하다.

박문각 공인중개사

제1장 부동산개발의 위험
제2장 부동산개발의 과정
제3장 부동산개발의 유형
제4장 부동산관리
제5장 부동산마케팅

PART

07

개발, 관리, 마케팅

PART 07 개발, 관리, 마케팅

제1장 부동산개발의 위험

01 부동산개발의 위험

(1) 워포드(L. Wofford)는 부동산개발위험을 **법률위험**, **시장위험**, **비용위험**으로 구분하고 있다.

  1) **법적 위험**

    ① 용도지역지구제와 같은 **공법적 측면**과 소유권 관계와 같은 **사법적 측면**에서 형성될 수 있다.

    ② 개발사업부지에 군사시설보호구역이 일부 포함되어 사업이 지연되었다면 이는 법률위험 분석을 소홀히 한 결과이다.

    ③ 법적 위험을 최소화하기 위해서는 이용계획이 확정된 토지를 구입하는 것이 유리하다.

  2) **시장위험**

    ① 부동산개발사업의 추진에는 많은 시간이 소요되므로, 개발사업 기간 동안 다양한 시장위험에 노출된다.

    ② 예측하기 어려운 **시장의 불확실성**은 시장위험요인이 된다.

    ③ 공사기간 중 이자율의 변화, 시장침체에 따른 공실의 장기화 등은 시장위험으로 볼 수 있다.

  3) **비용위험**

    ① 개발기간의 연장, 이자율의 인상, 인플레이션의 영향으로 개발비용이 증가하는 위험은 비용위험에 속한다.

    ② 비용위험을 줄이기 위하여 개발업자는 **최대가격보증계약**을 맺을 수 있다.

(2) 행정의 변화에 의한 사업 인허가 지연위험은 스스로 관리할 수 없는 위험이다.

(3) 부실시공 하자에 따른 책임 위험은 스스로 관리할 수 있는 위험이다.

(4) 개발업자의 사업성에 영향을 주는 요인(긍정적/부정적)

  1) 긍정적인 요인

    ① **분양가 상승**, 금리 하락

    ② 용적률 할증

2) 부정적인 요인

① **생산요소 가격 상승**, **공사기간의 연장**, 분양률 저조

② (조합원) 부담금 인상

③ 기부채납의 증가

제2장 부동산개발의 과정

01 타당성분석의 단계

(1) 지시성타투

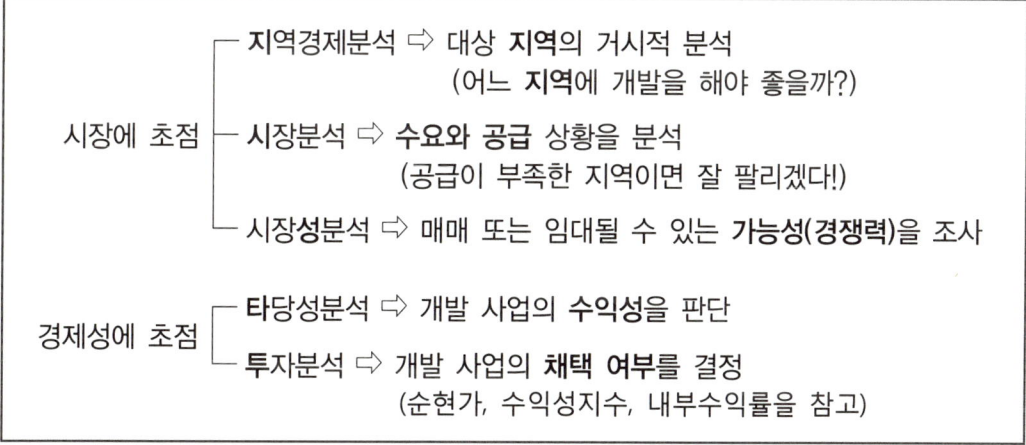

1) 지역경제분석: 지역의 인구와 소득 등 대상 지역 전체에 대한 총량적 지표를 분석한다.

① 시장분석을 수행하기 위해서는 먼저 시장지역을 설정하여야 한다.

② **경제기반산업**(= **입지계수**, = LQ지수): 전국의 특정 산업 비중과 비교하여 해당 지역의 특정 산업 비중이 더 높으면 기반산업, 낮으면 비기반산업이다.

(= 입지계수를 1과 비교하여 **1보다 크면 기반산업**, 1보다 작으면 비기반산업)

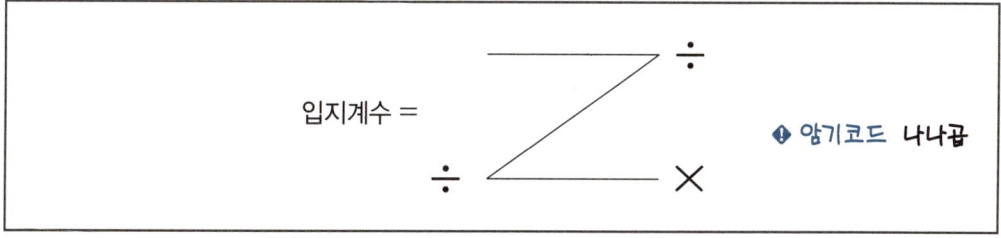

2) **시장**분석: 특정 부동산에 관련된 시장의 **수요와 공급**상황을 분석하는 것이다.

3) <u>시장성</u>분석: 부동산이 현재나 미래의 시장상황에서 <u>매매 또는 임대될 수 있는 가능성(경쟁력)</u>을 조사하는 것이다.

4) **타당성**분석: 개발사업의 **수익성**을 검토하는 단계

5) 투자분석: 개발사업의 채택 여부를 결정하는 단계
   (투자 결정의 준거로 순현가, 수익성지수, 내부수익률을 참고한다)

(2) **흡수율분석**(흡수율 = 매도율)

  1) 시장성분석의 분석기법

  2) 흡수율분석은 시장에 공급된 부동산이 시장에서 일정 기간 동안 소비되는 비율을 조사하여 해당 부동산시장의 **추세**를 파악하는 것이다.

  3) 흡수율분석의 주된 목적은 **미래 예측**이다.

(3) **민감도분석**

  1) 타당성분석의 분석기법

  2) 민감도분석은 타당성분석에 활용된 **투입요소의 변화**가 그 결과치에 어떠한 영향을 주는가를 분석하는 기법이다.

  3) 민감도분석은 재무적 사업타당성 분석에서 사용했던 주요 변수들의 **투입 값**을 낙관적, 비관적 상황으로 적용하여 수익성을 예측하는 것을 말한다.

02 일반적인 개발의 과정

(1) 아예 − 부타 − 금건마

  1) 아이디어 − 예비적 타당성분석 − 부지확보 − 타당성분석 − 금융 − 건설 − 마케팅

  2) **예비적 타당성**분석은 개발사업으로 예상되는 수입과 비용을 **개략적**으로 계산하여 **수익성**을 검토하는 것이다.

(2) 부동산개발의 정의

  1) 부동산개발이란 타인에게 공급할 목적으로 토지를 조성하거나 건축물을 건축, 공작물을 설치하는 행위로 조성, 건축, 대수선, 리모델링, 용도변경 또는 설치되거나 될 예정인 부동산을 공급하는 것을 말한다. 다만 시공을 담당하는 행위는 제외된다.

| 제3장 | 부동산개발의 유형

01 신개발과 재개발

(1) 신개발 : 미개발된 임야나 농지를 개발하여 새로운 택지를 조성하는 것

1) 수용방식 : 공공이 토지를 강제로 뺏어서 개발한다고 이해하기
    ① 장점
        ㉠ 개발기간 단축
    ② 단점
        ㉠ 높은 토지 보상비
        ㉡ 피수용자와의 갈등이 가장 심하다.

2) 환지방식 : 개발 후 토지소유자에게 다시 배분(**재분배**)하는 방식(**매각 아님**)
    ① 장점
        ㉠ 사업비의 부담이 작다.
    ② 단점
        ㉠ 동의를 받아야 하는 단계가 많아 사업기간이 길어진다.
        ㉡ 개발이익이 종전 토지소유자에게 귀속될 가능성이 크다.

📋 **환지방식**

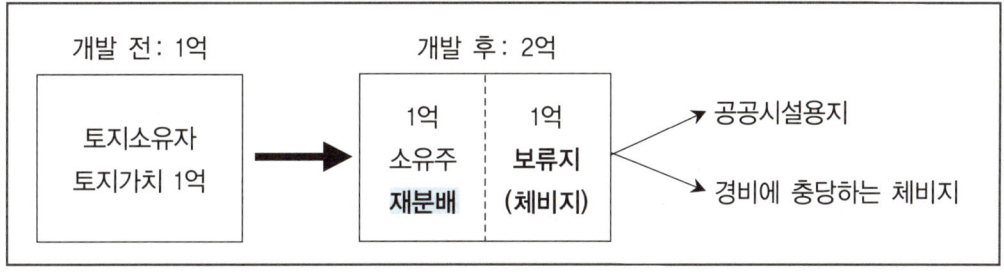

3) 혼용방식 : 혼용방식은 환지방식과 매수방식을 혼합한 방식으로 도시개발사업, 산업단지 개발사업 등에 사용한다.

(2) 재개발: 노후된 시설을 정비·개량하여 도시기능을 회복시키는 개발사업

  1) 도시재개발사업 ◆ 보수개철

보전재개발	예방이 목적인 재개발, 가장 소극적
수복재개발	노후화·불량화 **요인만 제거**
개량재개발	기존시설의 확장과 개선
철거재개발	철거하고 새로운 환경으로 대체, 가장 적극적

  2) 정비사업

구분	주거환경개선사업	재개발사업	재건축사업
대상지역	단독 및 다세대주택	상업지역, 공업지역	공동주택
정비기반시설	극히 열악	열악	양호

02 민간개발

(1) 자체개발사업

  1) 토지소유자가 사업주체가 되어 자금조달과 시공의 전 과정을 담당한다.

   ① 장점: 토지소유자가 이익을 모두 가져간다. 주도적인 사업추진

   ② 단점: 수익을 모두 가져가는 만큼 위험부담도 크다. 자금조달의 부담

(2) 지주공동사업

  1) 토지소유자는 토지를 제공하고, 개발업자는 자금과 시공을 담당하는 공동사업형태이다. (토지소유자 + 개발업자)

   ① 장점: 위험을 지주와 개발업자 간에 분산할 수 있다.

  2) 지주공동사업의 유형

   ① 공사비 대물변제형: 공사비의 변제를 준공된 건축물의 일부로 받는 방식

   ② 등가교환방식: 개발된 부동산을 제공된 토지 가격과 공사비의 비율에 따라 나누는 방식

   ③ 분양금 공사비지급형: 공사비 지급을 분양수입금으로 지급하는 방식

   ④ **사업위탁**형: 토지소유자가 개발업자에게 사업시행을 의뢰하고 수수료를 지급하는 방식 (소유권 이전 안 됨)

(3) 신탁방식(소유권까지 믿고 맡긴다)

1) 자신의 토지를 신탁회사에 위탁하여 개발·관리·처분하는 방식
   ① **소유권**이 신탁회사에 **이전**된다. (믿고 맡기니까 소유권까지 이전한다고 생각)
   ② 부동산신탁에 있어서 당사자는 부동산 소유자인 위탁자와 부동산 신탁사인 수탁자 및 신탁재산의 수익권을 배당받는 수익자로 구성되어 있다.

2) 신탁의 종류
   ① **관리**신탁
      ㉠ 부동산의 소유권**관리**, 건물수선 및 유지, 임대차**관리** 등 제반 **부동산 관리 업무를 신탁회사가 수행**하는 것을 관리신탁이라 한다.
   ② **처분**신탁
      ㉠ 처분신탁은 처분방법이나 절차가 까다로운 부동산에 대한 **처분업무 및 처분 완료 시까지의 관리업무**를 신탁회사가 수행하는 것이다.
   ③ 담보신탁
      ㉠ 부동산 소유자가 소유권을 신탁회사에 이전하고 신탁회사로부터 수익증권을 교부받아 수익증권을 담보로 금융기관에서 대출을 받는 상품을 담보신탁이라 한다.
   ④ **토지(개발)**신탁
      ㉠ 토지(개발)신탁방식은 신탁회사가 토지소유권을 이전받아 토지를 **개발한 후** 분양하거나 임대하여 그 수익을 신탁자에게 돌려주는 것이다.
   ⑤ **분양**신탁
      ㉠ 분양신탁은 상가 등 건축물 **분양의 투명성과 안정성**을 확보하기 위하여 신탁회사에게 사업부지의 신탁과 분양에 따른 자금관리업무를 부담시키는 것이다.

(4) 컨소시엄 방식

1) 대규모 개발사업에 있어서 법인 간에 컨소시엄을 구성하여 공동으로 사업을 수행하는 방식 (법인들의 연합으로 이해)

03 민간투자 사업방식

(1) **사례를 보고 민간투자 사업방식 찾기**

1) 사례에 나오는 표현을 알파벳으로 바꾸고 연결하면 사업방식이 된다.
   ① 준공, 건설: B(Build)
   ② 귀속, 이전: T(Transfer)
   ③ 운영권, 소유권: O(Operate, Own)
   ④ 임대, 임차: L(Lease)

2) BTO, BTL 방식의 예시
   ① BTO: 도로, 터널
   ② BTL: 학교

제4장 부동산관리

01 내용에 따른 분류

(1) 자산관리 vs 재산관리 vs 시설관리

자산관리	재산관리	시설관리
전체 자산을 관리	건물 한 채를 관리	건물 중 시설만 관리
부의 극대화에 초점	건물의 수익, 지출 관리	**시설** 운영 및 유지
적극적 관리	= 부동산관리	**소극적** 관리
포트폴리오 관리	**건물 임대차 관리**	**설비**의 운전 및 보수
투자 위험 관리	연간 예산 수립	건물 청소 관리
재**투자**, 재개발 분석	지출 계획 수립	에너지관리
리모델링 **투자**의사결정	비용통제	보안 관리
시장 및 지역경제분석 업무		유지관리 업무

02 복합개념에 따른 분류

(1) 법률적 vs 경제적 vs 기술적

법률적 관리	경제적 관리	기술적 관리
법률상의 조치	재무적 효율성	물리적·기능적 관리
권리관계 조정	회계관리	경계측량
권리의 보존관리	손익분기점 파악	설비관리
임대차계약 관리	인력관리	청소, 보안 관리

1) 부동산관리는 법·제도·경영·경제·기술적인 측면이 있어, 설비 등의 기계적인 측면과 경제·경영을 포함한 **종합적인** 접근이 요구된다. (**복합개념**이다)

2) **법률적** 측면의 부동산관리는 부동산의 유용성을 보호하기 위하여 **법률상**의 제반 조치를 취함으로써 법적인 보장을 확보하려는 것이다.

3) **경제적** 측면의 관리는 부동산자산의 포트폴리오 관점에서 자산 − 부채의 **재무적 효율성**을 최적화하는 것이다.

4) **기술적** 측면의 부동산관리는 대상부동산의 **물리적**·기능적 하자의 유무를 판단하여 필요한 조치를 취하는 것이다.

5) 건물과 부지의 부적응을 개선시키는 활동은 기술적 관리에 해당한다.

03 관리주체에 따른 분류

(1) **직접관리**(= 자가 = 자기 = 자치)

1) 장점
   ① 소유자가 **직접 관리**하기 때문에 강한 **지휘통제력**이 발휘된다.
   ② **기밀유지에 유리**하다. (나만 입조심)
   ③ 의사결정이 신속하다.
   ④ 관리의 각 부문을 종합적으로 운영할 수 있다. (내가 모든 부분 다 관리)

2) 단점

① 관리요원이 **안일해지기 쉽다.** (= 타성에 젖기 쉽다)

② 관리의 **전문성 결여**

③ 비효율적인 인력관리

(2) **위탁관리**

1) 장점

① 관리전문가에게 위탁하는 방식으로 <u>전문적인 관리</u>와 서비스를 통해 <u>효율적 관리</u>가 가능하여 <u>대형건물의 관리에 유리</u>하다.

② 부동산 관리비용이 안정적이다. (하지만 관리에 따른 용역비의 부담이 있다)

③ **소유와 경영의 분리**가 가능하다.

2) 단점

① 관리사 또는 전문관리회사의 선정이 어려움

② **기밀유지에 불리**(종업원 많음)

③ 관리업체가 영리만을 추구할 경우 부실한 관리를 초래할 우려가 있다.

(3) **혼합관리**

1) 장점

① **필요한 부분만을 위탁**할 수 있다.

② 직접에서 위탁으로의 과도기에 유용하다.

③ 강력한 지도력과 위탁관리의 편의를 모두 이용할 수 있다. (직접 + 위탁)

2) 단점

① 관리의 **책임소재가 불분명**해지는 단점이 있다. (서로 책임전가)

04 임대차활동

(1) **비율임대차**

1) 임차 부동산에서 발생하는 총수입(매상고)의 일정 **비율**을 **임대료**로 지불하는 것을 말한다. 주로 상업용 부동산에 적용된다.

2) 상업용 부동산의 임차자는 가능매상고가 중요한 선정 기준이 된다.

3) 비율임대차 계산 ❶ 총손율

① 기본 + 추가 = 총임대료

② 추가임대료 = (**총**매출액 − **손**익분기점) × 임대료**율**

(2) 부동산의 유지활동

1) 부동산관리에서 '유지'란 외부적인 관리행위로 부동산의 외형·형태를 변화시키지 않고 양호한 상태를 지속시키는 행위를 말한다.

① 예방적 유지활동 – 사전적 유지활동

② 대응적 유지활동 – 사후적 유지활동

05 건물의 생애주기

(1) 건물의 내용연수(수명)

1) 물리적 내용연수: 마멸 및 파손 등으로 사용이 불가능하게 될 때까지의 버팀연수를 말한다.

2) 기능적 내용연수: 건물과 부지의 부적응, 설계 및 설비의 불량, 건물의 외관·디자인 낙후 등 건물이 기능적으로 유효한 기간을 말한다.

3) 경제적 내용연수: 경제수명이 다하기까지의 버팀연수를 말한다. 인근지역의 변화, 인근환경과 건물의 부적합 등에 따라 나타난다.

(2) 건물의 생애주기 단계

1) 전개발단계 – 신축단계 – 안정단계 – 노후단계 – 폐물단계

① 건물의 물리적 유용성은 신축단계에서 가장 높게 나타난다.

② 건물의 경제적 유용성은 안정단계에서 가장 높게 나타난다.

③ 안정단계에서 건물의 양호한 관리가 이루어진다면 안정단계의 국면이 연장될 수 있다.

④ 노후단계는 일반적으로 건물의 구조, 설비, 외관 등이 급격히 악화되는 단계이다.

(3) 건물관리의 경우 생애주기비용(Life Cycle Cost)분석을 통해 초기투자비와 관리유지비의 비율을 조절함으로써 보유기간 동안 효과적으로 총비용을 관리할 수 있다.
(초기엔 관리비가 조금 들어가지만, 나중엔 관리비가 많이 들어가겠구나, 대비해야지)

제5장 부동산마케팅

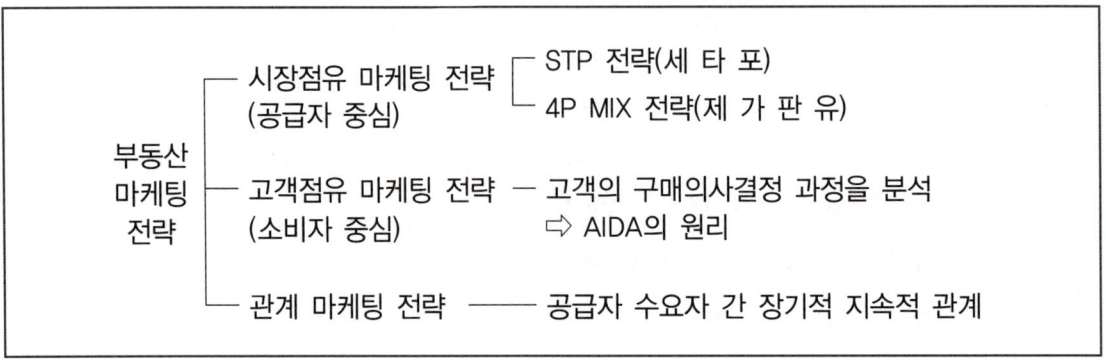

01 시장점유 마케팅 전략

(1) **시장점유** 마케팅 전략이란 **공급자 중심**의 마케팅 전략으로 표적시장을 선점하거나 틈새시장을 점유하는 전략을 말한다.

1) STP전략 ● *세타포전략*

① **시장세분화**(Segmentation) 전략: 소비자를 몇 개의 다른 군집(집단)으로 **나누는 것**

② **표적**시장(Target) 전략: 세분화된 시장 중에서 기업이 **표적**으로 삼아 마케팅활동을 수행할 시장을 **선정**하는 단계(가장 자신 있는 수요자집단을 선정)

③ **포지셔닝**(Positioning) 전략: 차별화를 통해 소비자의 지각 속에 적절히 **위치시키는** 것, 소비자의 **인식에 각인**시키는 것(차별화 전략)

2) 4P MIX(= 마케팅 믹스, = **마케팅요소의 조합** ● 제가판유)

① **제품**(Product) 전략: 판매하는 제품에 대한 전략 예 **아파트 차별화**

② **가격**(Price) 전략: 가격에 대한 전략

③ **판매촉진**(Promotion) 전략: 제품의 광고 및 홍보활동 예 **경품 추첨**

④ **유통경로**(Place) 전략: 유통경로를 이용하는 전략 예 **중개업소**, 분양대행사

⑤ 가격(Price) 전략의 종류
　㉠ 시가 전략: 경쟁업자의 가격과 동일한 가격, 가격을 추종하는 전략
　㉡ 신축가격전략: 위치, 지역 등에 따라 다른 가격으로 판매하는 전략
　㉢ 적응가격전략: 동일하거나 유사한 제품으로 구매 유도를 위해 가격을 다르게 판매하는 전략
　㉣ 스키밍가격전략: 초기고가전략, 초기에 높은 가격을 책정함으로써 높은 이익률을 실현하는 전략
　㉤ 시장침투 가격전략: 도입기에 낮은 가격을 책정하여 매출과 시장점유율을 조기에 선점하려는 전략

(2) 시장점유 마케팅 전략에서의 출제 포인트
　1) STP전략의 P와 4P MIX의 P 구분하기
　　① **세타포의 포지셔닝과 4P MIX의 제가판유는 서로 섞이면 안 된다.**

　2) '차별화'라는 표현은 STP전략과 4P MIX에서 둘 다 등장할 수 있음
　　① STP전략 중에서 차별화가 나오면 포지셔닝 → 차별화 전략
　　② 4P MIX 중에서 차별화가 나오면 제품(Product)전략 → 아파트 차별화

02 고객점유 마케팅 전략

(1) 고객점유 마케팅 전략이란 수요자 중심의 마케팅 전략으로 소비자의 구매의사결정 과정을 마케팅에 활용하는 전략이다.
　1) AIDA의 원리
　　① AIDA는 주의(attention) → 관심(interest) → 욕망(desire) → 행동(action)의 단계가 있다.
　　② 상품 발견 → 관심·흥미 → 관심이 커지면 욕망 → 욕망이 커지면 구매행동

03 관계 마케팅 전략

(1) 관계 마케팅 전략에서는 공급자와 소비자의 관계를 일회적이 아닌 장기적·지속적인 관계로 유지하려 한다.

04 그 외 부동산마케팅 용어

(1) 셀링포인트(selling point)는 상품으로서 부동산이 지니는 여러 특징 중 구매자(고객)의 욕망을 만족시켜 주는 특징을 말한다.

(2) 바이럴 마케팅(viral marketing) 전략은 SNS, 블로그 등 다양한 매체를 통해 해당 브랜드나 제품에 대해 입소문을 내게 하여 마케팅 효과를 극대화시키는 것이다.

(3) 노벨티(novelty) 광고는 볼펜, 라이터, 메모지와 같은 물품들 위에 광고주나 브랜드의 명칭, 로고마크 등을 새겨 배포하는 것을 말한다.

05 마케팅 마무리

(1) 부동산마케팅이란 부동산활동 주체가 소비자나 이용자의 욕구를 파악하고 창출하여 자신의 목적을 달성시키기 위해 시장을 정의하고 관리하는 과정이라 할 수 있다.

(2) 부동산시장이 공급자 우위에서 수요자 우위의 시장으로 전환되면 마케팅의 중요성이 더욱 증대된다.

(3) 소비자의 가족구성은 소비자의 구매행동에 영향을 미친다.

(4) **부동산의 개별성**으로 인하여 **광고의 내용도 개별성**을 갖는 것이 일반적이다.

PART

08

감정평가론

제1장 가치 vs 가격
제2장 감정평가에 관한 규칙
제3장 지역분석 vs 개별분석
제4장 평가 3방식(이론)
제5장 평가 3방식(계산)
제6장 물건별 주된 감정평가 방법
제7장 가격공시제도

PART 08 감정평가론

제1장 가치 vs 가격

01 감정평가의 정의

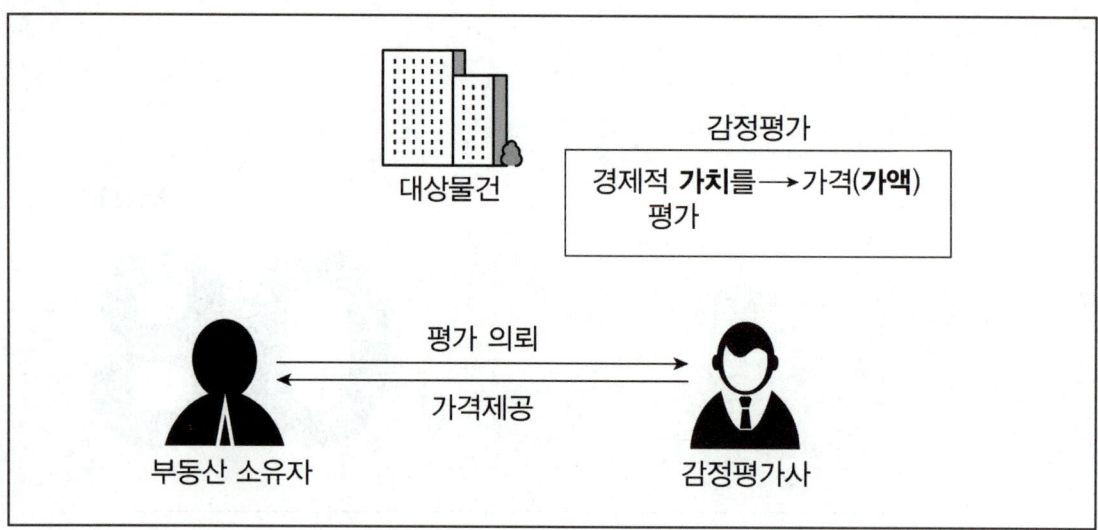

(1) 감정평가란 토지 등의 경제적 가치를 판정하여 그 결과를 가액으로 표시하는 것

02 가치 vs 가격

가치	가격
주관적, 추상적 개념	객관적, 구체적 개념
장래 기대 편익을 현재가치로 환원한 값	매도자와 매수자 간에 지불된 실거래액
현재의 값	**과거의 값**
일정 시점에 **가치는 여러 개 존재** (시장가치, 투자가치, 보험가치 등)	일정 시점에 **가격은 하나**
단기적으로 가치와 가격은 괴리될 수 있지만, 장기적으로 가치와 가격은 일치하게 된다. (가치가 중심이고 가격이 따라간다)	

제2장 감정평가에 관한 규칙

01 시장가치

(1) "시장가치"란 감정평가의 대상물건이 **통상적인 시장**에서 충분한 기간 동안 거래를 위하여 공개된 후 그 대상물건의 내용에 정통한 당사자 사이에 신중하고 자발적인 거래가 있을 경우 **성립될 가능성이 가장 높다고 인정되는** 대상물건의 가액을 말한다.

(2) 대상물건에 대한 감정평가액은 원칙적으로 시장가치를 기준으로 결정한다.

1) 감정평가법인등은 **법령에 다른 규정이 있는 경우**에는 대상물건의 감정평가액을 시장가치 외의 가치를 기준으로 결정할 수 있다.

2) 감정평가법인등은 감정평가 **의뢰인이 요청하는 경우**에는 대상물건의 감정평가액을 시장가치 외의 가치를 기준으로 결정할 수 있다.

3) 감정평가법인등은 대상물건의 특성에 비추어 **사회통념상** 필요하다고 인정되는 경우에는 대상물건의 감정평가액을 시장가치 외의 가치를 기준으로 결정할 수 있다.

02 감정평가 기준상의 분류

(1) 개별물건 기준 원칙

1) 개별평가(원칙) : 감정평가는 대상물건마다 개별로 하여야 한다.

2) **일괄평가**
   ① 둘 이상의 대상 물건이 **일체로 거래**되거나 대상물건 상호간에 **용도상 불가분**의 관계가 있는 경우에는 **일괄**하여 감정**평가**할 수 있다.
   ② 일괄평가 예시 : 복합부동산의 평가

3) **구분평가**
   ① 하나의 대상물건이라도 **가치를 달리하는 부분**은 이를 구분하여 감정평가할 수 있다.
   ② 구분평가 예시 : 1필지의 전면부와 후면부가 다르게 사용되는 경우

4) **부분평가**
   ① 일체로 이용하고 있는 물건의 **일부만을** 평가하는 경우
   ② 부분평가 예시 : 토지 일부분이 수용되는 경우의 평가

(2) 현황 기준 원칙

1) 감정평가는 기준시점에서의 대상물건의 이용상황(불법적이거나 **일시적인 이용은 제외한다**) 및 **공법상 제한을 받는 상태를 기준**으로 한다.

① 감정평가법인등은 **법령에 다른 규정이 있는 경우**에는 기준시점의 가치형성요인 등을 실제와 다르게 가정하거나 특수한 경우로 한정하는 조건(감정평가조건)을 붙여 감정평가할 수 있다.

② 감정평가법인등은 감정평가 **의뢰인이 요청하는 경우**에는 기준시점의 가치형성요인 등을 실제와 다르게 가정하거나 특수한 경우로 한정하는 조건(감정평가조건)을 붙여 감정평가할 수 있다.

③ 감정평가법인등은 대상물건의 특성에 비추어 **사회통념상** 필요하다고 인정되는 경우에는 기준시점의 가치형성요인 등을 실제와 다르게 가정하거나 특수한 경우로 한정하는 조건(감정평가조건)을 붙여 감정평가할 수 있다.

2) 감정평가법인등이 감정평가조건을 붙일 때에는 감정평가조건의 **합리성·적법성 및 실현가능성을 검토**하여야 한다. 다만, 법령에 다른 규정이 있는 경우에는 그렇지 않다.

3) 감정평가법인등은 시장가치 외의 가치를 기준으로 하는 감정평가의 **합리성 및 적법성이 결여**되었다고 판단할 때에는 **의뢰를 거부하거나 수임을 철회**할 수 있다.

(3) 감정평가의 전제조건에 따른 분류

1) 현황평가: 대상물건이 있는 그 상태대로 가치를 평가하는 것을 말한다.
(공법상 제한을 받는다면 제한받는 상태를 기준으로 평가)

2) 조건부평가: 부동산가격의 증감요인이 되는 새로운 상황의 발생을 상정하여 그 조건이 성취되는 경우를 전체로 부동산을 평가하는 것을 말한다.

3) 소급평가: 과거 어느 시점을 가격시점으로 하여 부동산가격을 평가하는 것을 말한다.

03 기준시점

(1) 기준시점의 정의(2개)

1) **기준시점**은 대상물건의 감정평가액을 결정하는 **기준**이 되는 **날짜**를 말한다.

2) **기준**시점은 대상물건의 **가격**조사를 **완료**한 날짜로 한다. **(기준 가조완)**
   다만, 기준시점을 미리 정하였을 때에는 그 날짜에 가격조사가 가능한 경우에만 기준시점으로 할 수 있다. (→ 현장조사×, 가격조사를 개시×)

04 감정평가의 절차

(1) 암기코드 ❶ 기 처리 대상 자료 분석 방법 결정

1) 기본적 사항의 확정
2) 처리계획 수립
3) 대상물건 확인
4) 자료수집 및 정리
5) 자료검토 및 가치형성요인의 분석
6) 감정평가방법의 선정 및 적용
7) 감정평가액의 결정 및 표시

제3장 지역분석 vs 개별분석

01 가치발생요인

(1) 부동산의 가치는 가치발생요인들의 **상호결합**에 의해 발생된다. 또한 가치형성요인은 가치발생요인에 영향을 미친다.

1) 효용

① 효용(유용성)은 인간의 필요나 욕구를 만족시켜 줄 수 있는 재화의 능력을 말한다.

2) 상대적 희소성

① 상대적 희소성이란 부동산에 대한 수요에 비해 공급이 부족하다는 것이다.

3) 유효수요

① 유효수요란 대상부동산을 구매하고자 하는 욕구로, **지불능력(구매력)**을 필요로 한다.

4) 양도가능성(이전성)

① 양도가능성(이전성)을 부동산의 가치발생요인으로 포함하는 견해도 있다.

② 이전성은 단순한 물리적인 이동을 의미하는 것이 아니라 부동산의 소유권을 구성하는 모든 권리에 대한 통제의 정도가 이전되는 것을 의미한다. (법률적)

02 가치형성요인

(1) <u>가치형성요인</u>이란 대상물건의 경제적 가치에 영향을 미치는 <u>**일반요인, 지역요인 및 개별요인**</u> 등을 말한다.

1) 일반요인: 전국적 차원의 영향요인

① 일반요인의 예시: 우리나라의 물가, 인구 등

2) 지역요인: 지역특성의 바탕이 되는 요인

① 지역요인의 예시: 명동의 지가 vs 전남 진도의 지가

3) 개별요인: 개별성이 가치 형성에 미치는 요인

① 개별요인의 예시: 토지의 모양, 높이, 혐오시설의 접근 정도 등

03 지역분석의 대상 지역

(1) 인근지역

1) "<u>인근지역</u>"이란 감정평가의 대상이 된 부동산이 <u>속한 지역</u>으로서 부동산의 이용이 동질적이고 가치형성요인 중 <u>지역</u>요인을 공유하는 지역을 말한다.

2) 인근지역의 범위는 고정적, 경직적인 것이 아니라 유동적, 가변적이다.

(2) 유사지역

1) "유사지역"이란 대상부동산이 속하지 아니하는 지역으로서 인근지역과 **유사한 특성을 갖는 지역**을 말한다.

(3) **동일수급권**

1) "**동일수급권**"이란 대상부동산과 대체·경쟁관계가 성립하고 가치형성에 서로 영향을 미치는 관계에 있는 다른 부동산이 존재하는 권역을 말하며, <u>인근지역과 유사지역을 포함한다.</u>

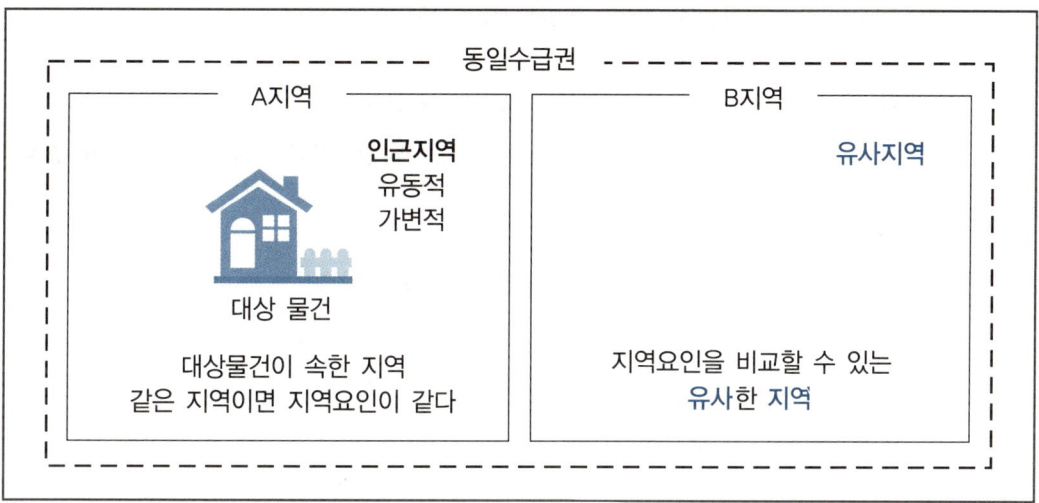

04 부동산가격원칙

(1) 부동산가격의 원칙은 부동산의 가격이 어떻게 형성되고 유지되는지 그 법칙성을 찾아내어 평가활동의 지침으로 삼으려는 행동기준이다.

예 적합의 원칙, 균형의 원칙 등

1) **적합의 원칙**

① 부동산이 주변의 토지이용과 어울릴 수 있을 때 높은 가치를 창출함
→ 인근 환경, 주변 환경, 외부환경과 어울리지 않으면 **경제적 감가**가 발생

② **적합의 원칙, 경제적 감가, 지역분석**(한 묶음으로 기억)

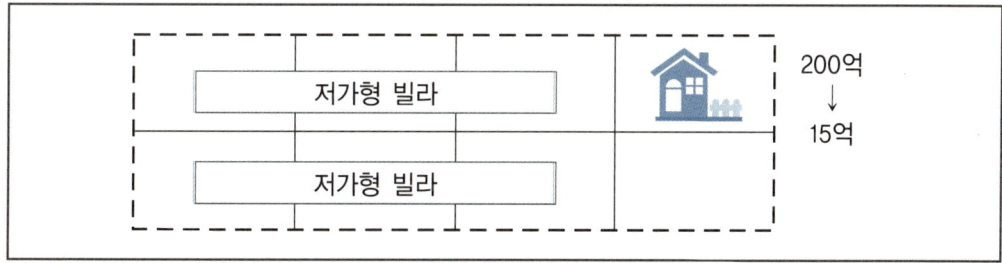

2) 균형의 원칙
① 부동산의 내부**구성요소**들이 적절한 비율로 균형을 이루고 있어야 한다.
→ 내부**구성요소**들이 균형을 이루지 못하면 **기능적 감가**가 발생
② **균형의 원칙, 기능적 감가, 개별분석**(한 묶음으로 기억)
예시 1) 주택에 화장실이 너무 커서 거실이 좁아졌다.
예시 2) 천정이 과도하게 높아서 냉난방이 잘 안 되고 **냉난방비**가 많이 든다.
예시 3) 엄청 넓은 토지 위에 아주 작은 주택을 지었다. (**건물과 부지의 부적응**)

3) 그 외의 원칙
① 변동의 원칙 : 부동산가격이 여러 요인에 따라 지속적으로 변동한다.
② 예측의 원칙 : 부동산의 가격이 추후 이용에 대한 예상을 근거로 결정된다.
③ 기여의 원칙 : 부동산의 각 구성요소가 각각 기여하여 전체의 가격이 형성됨
④ 대체의 원칙 : 부동산의 가격이 대체관계의 유사부동산으로부터 영향을 받음

05 지역분석 vs 개별분석

(1) 지역분석   ❶ 암기코드 **거지 경적 수표, 개별 최구**

지역분석	개별분석
선행	후행
거시적·광역적 분석	미시적·국지적 분석
적합의 원칙(경제적 감가)	균형의 원칙(기능적 감가)
지역의 가격수준을 파악	개별부동산의 구체적 가격을 파악
지역의 표준적 사용을 판정	개별부동산의 최유효사용을 판정

제4장 평가 3방식(이론)

3방식	가액	임대료
원가방식 (비용성)	원가법	적산법
비교방식 (시장성)	거래사례비교법	임대사례비교법
	공시지가기준법	
수익방식 (수익성)	수익환원법	수익분석법

01 원가법

(1) "**원가법**"이란 대상물건의 <u>재조달원가에 감가수정</u>을 하여 대상물건의 <u>가액</u>을 산정하는 감정평가방법을 말한다.

1) "**감가수정**"이란 대상물건에 대한 재조달원가를 감액하여야 할 요인이 있는 경우에 '물리적 감가, 기능적 감가 또는 경제적 감가 등을 고려하여' 그에 해당하는 금액을 재조달원가에 **공제**하여 기준시점에 있어서의 대상물건의 가액을 적정화하는 작업을 말한다.

① 감가수정 방법에는 내용연수법, 관찰감가법, 분해법 등이 있다.
  ㉠ 관찰감가법은 감정평가사가 직접 관찰하여 감가액을 판정하므로 주관적이다.

② 감가수정을 할 때에는 내용연수를 표준으로 한 정액법, 정률법 또는 상환기금법 중에서 대상물건에 적정한 방법에 따라야 함을 원칙으로 한다.
  ㉠ **정률법**에서는 매년 **감가율**이 **일정**하고, 연간 **감가액**은 **감소**한다.
  ㉡ **정액법**에서는 연간 **감가액**은 **일정**하고, 감가누계액이 경과연수에 정비례하여 증가한다.
  ㉢ **상환기금법**은 건물 등의 내용연수가 만료될 때 **감가누계상당액**과 그에 대한 복리계산의 **이자상당액** 분을 포함하여 당해 내용연수로 **상환**하는 방법이다.
  ㉣ **정액법, 정률법, 상환기금법은 모두 내용연수에 의한 감가수정 방법이다.**

③ **감가수정**에 사용하는 내용연수는 **경제적 내용연수**이다.

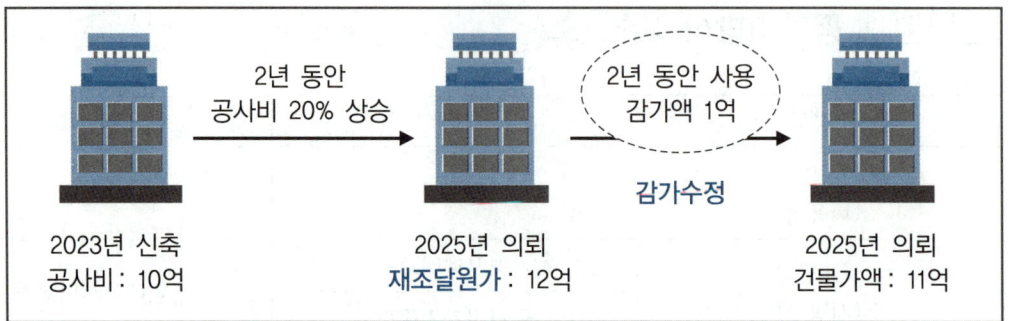

02 적산법

(1) "적산법"이란 대상물건의 **기초가액**에 **기대이율**을 **곱하여** 산정된 기대수익에 대상물건을 계속하여 임대하는 데에 **필요한 경비를 더하여** 대상물건의 **임대료**를 산정하는 감정평가방법을 말한다.

1) 적산법 = 기초가액 × 기대이율 + 필요경비 = 임료
→ 적산 = 기 × 기 + 필
→ ❶ 적산 기기필

03 거래사례비교법

(1) "**거래사례비교법**"이란 대상물건과 가치형성요인이 같거나 비슷한 물건의 **거래사례**와 비교하여 대상물건의 현황에 맞게 **사정보정**, 시점수정, 가치형성요인 비교 등의 과정을 거쳐 대상물건의 **가액**을 산정하는 감정평가방법을 말한다.

1) 거래사례비교법의 장단점
① 시장성의 원리에 의한 것으로 실증적이며 설득력이 풍부하다.
② 거래사례가 많은 경우에 유용하다.
③ 사례자료는 가격시점이 가까울수록 유용하다.
④ 부동산시장이 **불완전**하거나 투기적 요인이 있는 경우, 또는 **과도한 호황기나 불황기**에는 **거래사례의 신뢰성이 문제**가 된다.

2) **시점수정**은 거래사례 자료의 거래시점 가격을 **기준시점**의 가격으로 정상화하는 작업을 말한다. (현재시점으로 바꾸는 것이 아님)

04 공시지가기준법

(1) **"공시지가기준법"**이란 가치형성요인이 같거나 비슷하여 유사한 이용가치를 지닌다고 인정되는 **표준지의 공시지가**를 기준으로 대상토지의 현황에 맞게 시점수정, 지역요인 및 개별요인 비교, 그 밖의 보정을 거쳐 대상토지의 가액을 산정하는 감정평가방법을 말한다. (**사정보정 없음**)

(2) 거래사례비교법 vs 공시지가기준법

  1) 거래사례비교법은 **사정보정 있음**

  2) 공시지가기준법은 사정보정 없음, 표준지를 기준으로

  3) 둘 다 시점수정, 요인 비교는 있음

05 임대사례비교법

(1) **"임대사례비교법"**이란 대상물건과 가치형성요인이 같거나 비슷한 물건의 **임대사례**와 비교하여 대상물건의 현황에 맞게 사정보정, 시점수정, 가치형성요인 비교 등의 과정을 거쳐 대상물건의 **임대료**를 산정하는 감정평가방법을 말한다. (거래사례비교법과 똑같다)

06 수익환원법

(1) **"수익환원법"**이란 대상물건이 장래 산출할 것으로 기대되는 **순수익**이나 **미래**의 **현금흐름**을 **환원**하거나 **할인**하여 대상물건의 **가액**을 산정하는 감정평가방법을 말한다. ❶ 순 ÷ 환

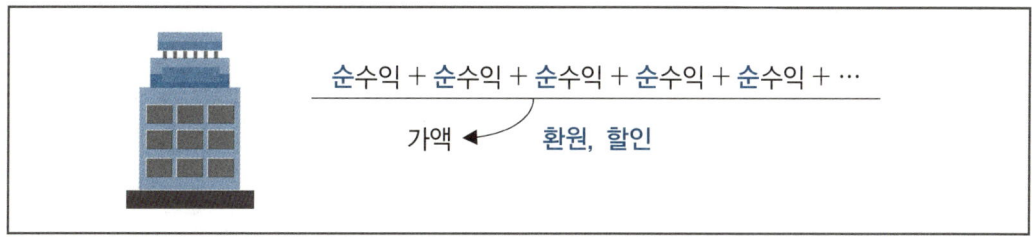

(2) **자본환원율**(= 환원이율 = 요구수익률)

  1) 자본환원율은 순영업소득을 부동산의 가격으로 나누어 구한다.

  2) 금리 상승, 위험 증가 = 요구수익률 상승 = 자본환원율 상승

07 수익분석법

(1) "수익분석법"이란 일반기업 경영에 의하여 산출된 **총수익**을 **분석**하여 대상물건이 일정한 기간에 산출할 것으로 기대되는 **순수익**에 대상물건을 계속하여 임대하는 데에 **필요한 경비를 더하여** 대상물건의 **임대료**를 산정하는 감정평가방법을 말한다.

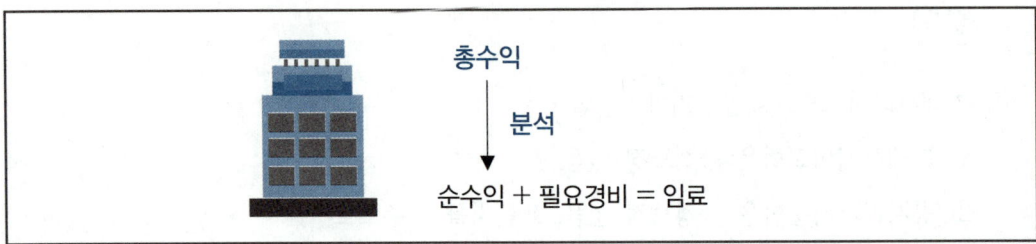

08 시산가액의 조정

(1) 감정평가 3방식으로 나온 **각각의** 가액 → **시산가액** → 모두 장단점이 있음

(2) 시산가액 조정은 각 시산가액을 상호 관련시켜 재검토함으로써 시산가액 상호간의 격차를 합리적으로 조정하는 작업이다.
   = 각각의 시산가액을 하나로 조정해서 의뢰인에게 최종가액을 전달
   → 시산가액의 조정 → 중요도에 따라 **가중치를 부여,** 가중평균(산술평균 아님)

제5장 평가 3방식(계산)

01 원가법 계산

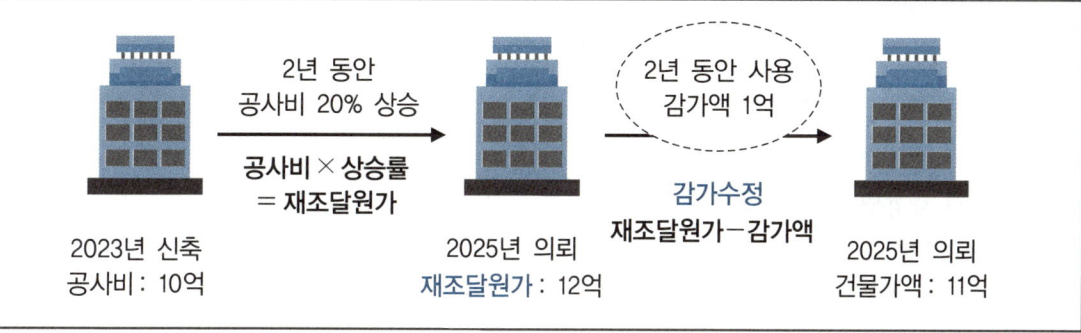

(1) 정액법 기본 계산

1) 재조달원가 − 감가액 = 적산가액

2) 재조달원가 = 신축공사비 × 공사비 상승률(지수)

감가액 → 일반적으로 정액법으로 감가수정 → 매년 일정한 액수로 감가

$$감가액 = \frac{재조달원가 \times 감가된\ 비율}{경제적\ 내용연수(수명)} \times 흐른\ 시간$$

(2) **정액법 문제풀이용 계산**

1) 흐른 시간 곱하기 → ×2

2) 공사비 상승률(지수) → ×110%

3) 경제적 내용연수 나누기 → ÷40

4) 잔존가치 비율(잔가율)을 감가율로 바꿔서 곱하기 → ×90%

5) 지금까지 구한 감가액을 재조달원가에서 빼주면 적산가액

[31회] 원가법으로 산정한 대상물건의 적산가액은? (단, 주어진 조건에 한함)

- 사용승인일의 신축공사비 : 6천만원
- 사용승인일 : 2018. 9. 1.
- 기준시점 : 2020. 9. 1.
- 건축비지수
  - 2018. 9. 1. = 100
  - 2020. 9. 1. = 110
- 경제적 내용연수 : 40년
- 감가수정방법 : 정액법
- 내용연수 만료시 잔가율 : 10%

[풀이]

- 사용승인일의 신축공사비 : 6천만원
- 사용승인일 : 2018. 9. 1. ⎤
- 기준시점 : 2020. 9. 1.   ⎦ ×2
- 건축비지수
  - 2018. 9. 1. = 100 ⎤
  - 2020. 9. 1. = 110 ⎦ ×110%
- 경제적 내용연수 : 40년 ÷40
- 감가수정방법 : 정액법
- 내용년수 만료시 잔가율 : 10%   ×90%

$(6{,}000 \times 110\%) - (6{,}000 \times 2 \times 110\% \div 40 \times 90\%) = 6{,}303$

(재조달원가) − (감가누계액) = 적산가액

(3) 정률법 계산

1) 재조달원가 × 잔가율 × 잔가율(2년이면 두 번, 3년이면 세 번)

   ● 암기코드 재×잔×잔

(4) 준공 당시 공사비 = 직접공사비 + 간접공사비 + 개발업자의 이윤

1) 재조달원가를 구성하는 표준적 건설비에는 수급인의 적정이윤이 포함된다.

02 비교방식 계산

(1) 거래사례비교법, 공시지가기준법 계산순서

1) 면적, 가격, % 체크 (면 가 율 체크)

2) $\dfrac{\text{대상부동산}}{\text{사례부동산}}$ 적고, 숫자 대입

① **상승, 우세, 증액은 더해서 곱하기**
→ 예시: ×105%

하락, 열세, 감액은 빼서 곱하기
→ 예시: ×94%

② **용도지역** 2개 이상이면 대상부동산과 같은 지역만 계산하기
→ 예시: 주거**지역**, 상업**지역**, 공업**지역** 등

③ '~~치'가 주어지면 곱하기만 해주면 된다.
→ 예시: 그 밖의 보정치 1.5 → ×1.5

④ **사정보정**은 사례부동산을 줄여주기
→ 예시: 사례부동산이 20% 저가에 매도

$$\dfrac{\text{대상부동산 100\%}}{\text{사례부동산 100\%}} \qquad \dfrac{\text{대상부동산 100\%}}{\text{사례부동산 80\%}} \qquad \times \dfrac{100\%}{80\%}$$

3) 다 곱하기

[31회] 다음 자료를 활용하여 거래사례비교법으로 산정한 대상토지의 비준가액은?

- 평가대상토지 : X시 Y동 210번지, 대, 110m², 일반상업지역
- 기준시점 : 2020. 9. 1.
- 거래사례
  - 소재지 : X시 Y동 250번지
  - 지목 및 면적 : 대, 120m²
  - 용도지역 : 일반상업지역
  - 거래가격 : **2억 4천만원**
  - 거래시점 : 2020. 2. 1.
  - 거래사례는 정상적인 매매임
- 지가변동률(2020. 2. 1. ~ 9. 1.) : X시 상업지역 5% **상승**
- 지역요인 : 대상토지는 거래사례의 인근지역에 위치함
- 개별요인 : 대상토지는 거래사례에 비해 3% **우세함**
- 상승식으로 계산할 것

① 226,600,000원 ② 237,930,000원 ③ 259,560,000원
④ 283,156,000원 ⑤ 285,516,000원

[풀이]

$$24{,}000 \times \frac{110(대상)}{120(사례)} \times 105\% \times 103\% = 23{,}793$$

03 수익환원법 계산

(1) 수익환원법 계산순서

1) 수익환원법은 '❶ 순환' 떠올리기 → 순 ÷ 환 적기
2) 순영업소득 구하기 → 가공유영순 부전세후
3) **순영업소득을 환원이율로 나누기**
   ① 환원이율을 문제에서 알려주면 그대로 계산이 가능하지만
   ② 환원이율을 직접 구해야 하는 경우도 있다.
      ㉠ 환원이율 = 부채**감당**률 × **대부비율** × **저당상수**(**감당대저**)
      ㉡ 토지(60%), 건물(40%), 토지환원율: 5%, 건물환원율: 10%
      60% × 5% = 3% (토지)
      40% × 10% = 4% (건물)
      3% + 4% = 7% (전체 환원율)

[32회] 다음 자료를 활용하여 직접환원법으로 산정한 대상부동산의 수익가액은?

- 가능총소득(PGI): 70,000,000원
- 공실상당액 및 대손충당금: 가능총소득의 5%
- 영업경비(OE): 유효총소득(EGI)의 40%
- 환원율: 10%

① 245,000,000원 ② 266,000,000원 ③ 385,000,000원
④ 399,000,000원 ⑤ 420,000,000원

[풀이]

7,000 − 350 = 6,650 − 2,660 = 3,990 ÷ **10%** = 39,900
 가   공   유   영   순
                             부
                             전
                             세
                             후

제6장 | 물건별 주된 감정평가 방법

원가법	거래사례비교법	수익환원법
건물	과수원	<u>무형자산</u>
건설기계	자동차	영업<u>권</u>, 특허<u>권</u>, 저작<u>권</u>
선박	동산	기업가치
항공기	입목	**광업재단**

(1) <u>임대료</u> → 임대사례비교법

(2) **일괄**하여 **평가** − 거래사례비교법

(3) **산림**은 임지와 입목을 **구분**하여 **평가**하여야 한다.
 (원칙은 구분평가지만, 일괄하여 평가할 수 있으면 일괄평가도 가능)

(4) 소경목림은 원가법에 의할 수 있다.

(5) 토지의 주된 평가 방법은 공시지가기준법이다.

제7장 가격공시제도

01 토지가격공시제도

대표 토지를 정함(표준지) ↓ 국토교통부장관이 감정평가법인에 가격의뢰 ↓ 표준지공시지가를 평가 + 토지가격비준표를 작성	시장, 군수 또는 구청장은 토지가격비준표를 보고 개별공시지가를 결정, 공시			
	개별	개별	개별	개별
	개별	개별	**표준지**	개별
	개별	개별	개별	개별
	개별	개별	개별	개별

(1) 표준지공시지가

1) **국토교통부장관**은 **표준**지에 대하여 **매년 공시기준일**(1.1) 현재의 단위면적당 적정가격(표준지공시지가)을 조사·평가하고, **중앙**의 **심의**를 거쳐 이를 공시하여야 한다.

2) 국토교통부장관이 표준지**공시지가**를 조사, 평가할 때에는 하나 또는 둘 이상의 **감정평가법인**에 의뢰하여야 한다. ◑ 암기코드 **공감 주부**

3) **국토교통부장관**은 표준지와 개별 토지의 가격형성요인에 관한 표준적인 비교표(**토지가격비준표**)를 작성하여 **시장·군수 또는 구청장에게 제공**하여야 한다.

4) **표준**지공시지가에 이의가 있는 자는 **30일 이내**에 **국토교통부장관**에게 **이의를 신청할 수 있다.**

5) 표준지공시지가에 대한 이의신청의 내용이 타당하다고 인정될 때에는 해당 표준지공시지가를 조정하여 다시 공시하여야 한다.

6) **표준지공시지가**는 토지시장에 **지가정보를 제공**하고 일반적인 **토지거래의 지표**가 되며, 국가 등이 지가를 산정하거나 감정평가법인 등이 **토지를 감정평가하는 경우에 기준**이 된다.
   ① 정보 제공 ② 토지거래의 **지표** ③ 가격 산정(감정평가)의 기준

7) **표준지공시지가의 공시사항**
   ① 지번 ② **단위면적당 가격** ③ 면적 및 형상
   ④ **표준지 및 주변토지의 이용상황** ⑤ 지목 ⑥ 용도지역 ⑦ 도로상황

(2) 개별공시지가

1) 시장·군수 또는 구청장은 세금의 부과 등을 위한 지가산정에 사용되도록 하기 위하여 시·군·구의 심의를 거쳐 개별공시지가를 공시하여야 한다.
   (개별공시지가 → 세금, 부담금의 부과를 위해 공시)

2) 표준지로 선정된 토지, 조세 부과대상이 아닌 토지 등은 개별공시지가를 결정·공시하지 아니할 수 있다. 이 경우 표준지공시지가를 개별공시지가로 본다.

3) 시장·군수 또는 구청장은 공시기준일 이후에 분할·합병 등이 발생한 토지에 대하여는 대통령령으로 정하는 날을 기준으로 하여 개별공시지가를 결정·공시하여야 한다.
   (공시지가 1.1 or 7.1)

4) 개별공시지가를 공시하는 경우에는 하나 또는 둘 이상의 표준지의 공시지가를 기준으로 토지가격비준표를 사용하여 지가를 산정하여야 한다.

5) 개별공시지가에 이의가 있는 자는 그 공시일부터 30일 이내에 서면으로 시장·군수 또는 구청장에게 이의를 신청할 수 있다.

토지	산정	심의	이의신청
표준지	국토교통부장관	중앙	국토교통부장관
개별토지	시군구	시군구	시군구

→ 표준은 국장 라인, 개별은 시군구 라인 잘 따라가기

02 주택가격공시제도

(1) **국토교통부장관**은 일단의 **단독주택** 중에서 선정한 표준주택에 대하여 **표준주택가격**을 조사·산정하고, **중앙**부동산가격공시위원회**의 심의**를 거쳐 이를 공시하여야 한다.

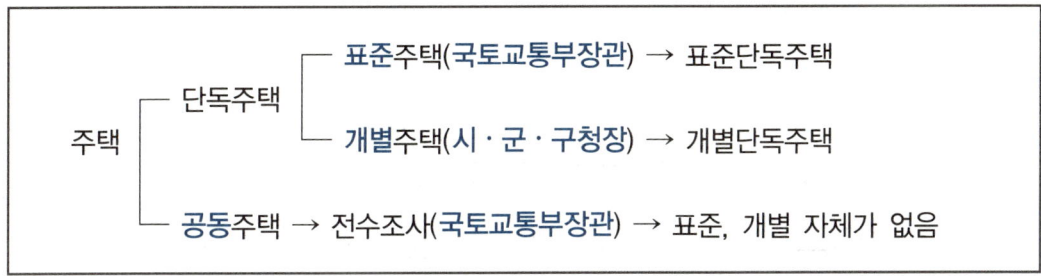

1) **국토교통부장관**은 **표준**주택가격을 조사·산정하고자 할 때에는 **한국부동산원**에 의뢰한다.
   ◐ 공감 주부

2) **표준주택**을 선정할 때에는 일반적으로 유사하다고 인정되는 일단의 **단독주택** 중에서 해당 일단의 **단독주택**을 대표할 수 있는 주택을 선정하여야 한다.

3) 표준주택가격의 공시기준일은 1월 1일로 한다.

4) **국토교통부장관**이 **표준**주택가격을 조사·산정하는 경우에는 인근 유사 단독주택의 거래가격·임대료 및 해당 단독주택과 유사한 이용가치를 지닌다고 인정되는 단독주택의 건설에 필요한 비용추정액, 인근지역 및 다른 지역과의 형평성·특수성, 표준주택가격 변동의 예측 가능성 등 제반사항을 **종합적으로 참작**하여야 한다.

5) **표준주택가격**은 국가·지방자치단체 등이 그 업무와 관련하여 **개별주택가격을 산정하는 경우에 그 기준이 된다.**

6) **이의신청**은 **표준**지공시지가와 같다. (30일 이내에 국토교통부장관에게)

7) **표준주택가격의 공시사항**

   ① 지번 ② 표준주택가격 ③ 대지면적 및 형상
   ④ 용도, **연면적, 구조 및 사용승인일** ⑤ 지목 ⑥ 용도지역 ⑦ 도로상황

(2) 개별주택가격

1) **시장 · 군수 또는 구청장**(자치구의 구청장을 말함)이 **개별주택가격**을 결정 · 공시하는 경우에는 해당 주택과 유사한 이용가치를 지닌다고 인정되는 표준주택가격을 기준으로 **주택가격비준표를 사용**하여 가격을 산정하되, 해당 주택의 가격과 표준주택가격이 균형을 유지하도록 하여야 한다.

2) **표준주택으로 선정된 단독주택**, 그 밖에 대통령령으로 정하는(국세, 지방세의 부과대상이 아닌) 단독주택에 대하여는 **개별주택가격을 결정 · 공시하지 아니할 수 있다.**

3) 표준주택으로 선정된 주택에 대하여는 당해 표준주택가격을 **개별주택가격으로 본다.**

4) **시장 · 군수 또는 구청장**은 공시기준일 이후에 **토지의 분할 · 합병이나 건물의 신축** 등이 발생한 경우에는 대통령령이 정하는 날을 기준으로 하여 **개별주택가격**을 결정 · 공시하여야 한다. (주택가격 1.1 or 6.1)

5) **이의신청**은 **개별**공시지가와 같다. (30일 이내에 시군구에게)

(3) 공동주택가격

1) **국토교통부장관은 공동주택**에 대하여 **공동주택가격**을 조사 · 산정하여 **중앙**부동산가격공시위원회**의 심의**를 거쳐 공시하여야 한다.
(공동주택은 표준, 개별의 개념이 없음)

2) **국토교통부장관**이 **공동주택**의 적정가격을 조사 · 산정하는 경우에는 인근 유사 공동주택의 거래가격, 임대료 및 당해 공동주택과 유사한 이용가치를 지닌다고 인정되는 공동주택의 건설에 필요한 비용추정액 등을 **종합적으로 참작**하여야 한다. (**종합적으로 참작**이라는 표현이 나오면 **개별만 아니면 된다**)

3) 개별주택가격 및 공동주택가격은 주택시장의 가격정보를 제공하고, 국가 · 지방자치단체 등이 과세 등의 업무와 관련하여 주택의 가격을 산정하는 경우에 그 기준으로 활용될 수 있다. (과세라는 표현이 나오면 표준만 아니면 된다)

4) **공동주택가격**에 이의가 있는 자는 그 공시일부터 **30일 이내**에 서면으로 **국토교통부장관**에게 이의를 신청할 수 있다.

5) **국토교통부장관**은 공시기준일 이후에 토지의 분할·합병이나 건물의 신축 등이 발생한 경우에는 대통령령이 정하는 날을 기준으로 하여 **공동주택가격**을 결정·공시하여야 한다. (주택가격 1.1 or 6.1)

6) 공동주택가격을 조사·산정하는 경우에 공동주택에 전세권 그 밖에 공동주택의 **사용·수익을 제한하는 권리**가 설정되어 있는 경우에는 당해 **권리가 존재하지 않는 것으로** 보고 적정가격을 산정하여야 한다.

제37회 공인중개사 시험대비 **전면개정**

2026 박문각 공인중개사
신교찬 필수서 ①차 부동산학개론

초판인쇄 | 2025. 12. 5. **초판발행** | 2025. 12. 10. **편저** | 신교찬 편저
발행인 | 박 용 **발행처** | (주)박문각출판 **등록** | 2015년 4월 29일 제2019-000137호
주소 | 06654 서울시 서초구 효령로 283 서경빌딩 4층 **팩스** | (02)584-2927
전화 | 교재 주문 (02)6466-7202, 동영상문의 (02)6466-7201

저자와의
협의하에
인지생략

이 책의 무단 전재 또는 복제 행위는 저작권법 제136조에 의거, 5년 이하의 징역 또는 5,000만원 이하의 벌금에 처하거나 이를 병과할 수 있습니다.

정가 17,000원
ISBN 979-11-7519-491-5